LO MEJOR DE LA POESÍA
LATINOAMERICANA

SELECCION

LO MEJOR DE LA POESÍA
LATINOAMERICANA

EDITORIAL ÉPOCA, S. A. DE C. V.
Emperadores No. 185
Col. Portales
03300-México, D.F.

Lo mejor de la Poesía Latinoamericana
©   Derechos reservados 2000
©   Por Editorial Época, S.A. de C.V.
    Emperadores No. 185
    03300-México, D.F.

ISBN-970-6271-77-5

Impreso en México - *Printed in Mexico*

POESÍA LATINOAMERICANA

RECITAR, DECLAMAR

La palabra RECITAR *tiene un amplio contenido. Lo mismo se refiere a un discurso u oración que se pronuncia públicamente en voz alta, para impresionar y conmover al auditorio, que a la expresión poética en forma de versos. En este último caso se llama también* DECLAMAR.

La declamación es un arte. Corresponde a una de las llamadas Bellas Artes: la Literatura. Su objetivo es realzar la belleza por medio de la palabra oral. La entonación, el gesto, la vehemencia, el entusiasmo y la pasión con que se pronuncian los poemas son los factores determinantes de una buena recitación.

La palabra, organizada bajo las normas del ritmo y la rima, dando lugar a un conjunto de versos, consti-

5

tuye la esencia misma de la creación poética, de la expresión formal de la belleza que atrae y subyuga. Por ello, ¹esde la más remota antigüedad greco-latina se emplea la recitación en reuniones públicas, en fiestas y banquetes, pasando luego al teatro para proporcionar momentos de diversión, de sana alegría y esparcimiento.

Junto a este aspecto formal hay que considerar, sin embargo, el contenido del poema, las ideas que expresa, el mensaje que transmite. El amor, la amistad, las penas y los dolores, la ansiedad, el miedo, la protesta, la esperanza, los sentimientos más puros de los hombres, la vida tranquila y sosegada, el encanto de la Naturaleza y también los grandes conflictos y pasiones, el fragor de los combates, la lucha por los grandes ideales; en fin, todo aquello que vive y vibra en la mente humana tiene su forma de expresión en los versos.

"Pensar alto, sentir hondo y hablar claro" ha dicho el duque De Rivas que es poesía, Platón veía en ella el entusiasmo, la fogosidad de la juventud, y Santa Teresa de Jesús plasmaba en los versos sus pensamientos inefables para llegar a Dios. La poesía es un gran medio de comunicación espiritual y de comunión entre los hombres, tomando esta última palabra en el sentido de identificación, de armonía, de coincidencia plena en el pensar y en el sentir.

POETA Y RECITADOR

Poeta es el que hace versos, el que compone obras poéticas.

Para ser poeta se requieren determinadas cualidades bien delimitadas. En primer lugar, una extraordinaria sensibilidad artística; sentir la belleza que encierra la palabra.

Se ha dicho que el poeta nace. Es decir, que las cualidades especiales del hombre que se dedica a la poesía le vienen dadas por herencia. Es claro que las condiciones hereditarias y el medio en que venimos a la vida influyen mucho en el desarrollo de la persona. Pero la sensibilidad artística puede formarse a través de un proceso de educación.

En segundo lugar, el poeta debe tener un gran dominio de la lengua, es decir, una amplia cultura general y literaria. Esto le permitirá encontrar la palabra precisa y las combinaciones métricas necesarias para expresar las ideas de acuerdo con las normas y leyes de la poesía. He ahí los rasgos fundamentales necesarios. Con voluntad y esfuerzo se puede llegar a ser un buen poeta.

En los primeros tiempos de todas las literaturas el poeta era recitador al mismo tiempo. Componía versos y él mismo los recitaba. Muchos poetas de la Edad Media fueron cantores a sueldo de reyes, cardenales o príncipes. Poetas por vocación y recitadores por necesidad. Más adelante surgieron poetas de la más alta calidad que le dieron a la literatura su Siglo de Oro, dejando profundas huellas en valiosas composiciones que fueron recitadas ya por otras muchas personas. Ha surgido el recitador, el declamador, perfectamente diferenciado del poeta.

En la actualidad son muchas las personas que saben recitar y otras que tienen interés en saber recitar, sin que para ello sea necesario ser poeta.

La capacidad de recitar puede formarla cualquier persona que se lo proponga. Se necesitan, naturalmente, algunas cualidades. Pero éstas se adquieren. Basta con proponérselo con la fuerza necesaria para seguir las indicaciones precisas para ello.

En la escuela se manifiestan ya, casi espontáneamente, los niños que tienen decisión y voluntad para hablar en público. Seguramente que lo primero que hay que vencer es la timidez natural que se siente cuando nos encontramos ante un auditorio. Si el maestro y los mismos compañeros estimulan hacia la recitación, habremos ganado ya los primeros pasos. Todos recordamos composiciones poéticas que hemos recitado en fiestas infantiles y que luego las hemos repetido en casa o con los amigos.

Cuando ya somos mayores y tenemos una vida más independiente nos acordamos de las aficiones de niño que, a veces, hemos dejado de practicar.

Estamos en reuniones con otros jóvenes, en la familia o en actos sociales, con la novia, con los parientes y amigos. Sentimos la necesidad de pasar un rato agradable y para eso nos reunimos. Unos cantan, se forman coros; otros tocan la guitarra. A veces el canto se acompaña con la música. Todo es arte. Todo es alegría sana. Cuando alguien de la reunión surge recitando un poema se aviva el ánimo; la sesión se hace más agradable y variada.

Para facilitar estos momentos de expansión, hemos seleccionado de autores ya consagrados como poetas de gran prestigio LO MEJOR DE LA POESÍA LATINOAMERICANA.

EL DÍA QUE ME QUIERAS

El día que me quieras tendrá más luz que junio;
la noche que me quieras será de plenilunio,
con notas de Beethoven vibrando en cada rayo
sus inefables cosas,
y habrá juntas más rosas
que en todo el mes de mayo.

Las fuentes cristalinas
irán por las ladera
saltando cantarinas
el día que me quieras.

El día que me quieras, los sotos escondidos
resonarán arpegios nunca jamás oídos.
Éxtasis de tus ojos, todas las primaveras
que hubo y habrá en el mundo, serán cuando me
(quieras.

Cogidas de la mano, cual rubias hermanitas
luciendo golas cándidas, irán las margaritas

por montes y praderas
delante de tus pasos, el día que me quieras…
Y si deshojas una, te dirá su inocente
postrer pétalo blanco: ¡Apasionadamente!

Al reventar el alba del día que me quieras,
tendrán todos los tréboles cuatro hojas agoreras,
y en el estanque, nido de gérmenes ignotos,
florecerán las místicas corolas de los lotos.

El día que me quieras será cada celaje
ala maravillosa; cada arrebol, miraje
de las mil y una noches; cada brisa un cantar,
cada árbol una lira, cada monte un altar.

El día que me quieras, para nosotros dos
cabrá en un solo beso la beatitud de Dios.

Amado Nervo

EL POETA A SU AMADA

Amada, en esta noche tú te has crucificado
sobre los dos maderos curvados de mi beso;
y tu pena me ha dicho que Jesús ha llorado
y que hay un viernes santo más dulce que ese beso.

En esta noche rara que tanto me has mirado,
la Muerte ha estado alegre y ha cantado en su
(hueso.
En esta noche de septiembre se ha oficiado
la segunda caída y el más humano beso.

Amada, moriremos los dos juntos, muy juntos;
se irá secando a pausas nuestra excelsa amargura
y habrán tocado a sombra nuestros labios difuntos.

Y ya no habrá reproches en tus besos benditos;
no volveré a ofenderte. Y en una sepultura
los dos nos dormiremos, como dos hermanitos.

César Vallejo

13

EL ALBA EN LA GALLERA

Al alba los gallos norteños
cantan en sordina y en sueños.

Para el kikirikí
de los gallos del Sur,
las estrellas del alba son granos de maíz
del cielo en la plazuela escampada y azul.

Clarinería. Clangor.
Por la clarinada superior
cada clarín porfía.

Diana de la Gallera,
temperamento rumor
de un Regimiento de Caballería…

De noche cuando el último
castillo se ha quemado,
sentimos entre sueños,

solferinos, azules y blancos,
cohetes voladores
cuando cantan los gallos...

En tu insomnio, alma llena de feria,
¿no oíste cantar a aquel gallo
que arrojaba al cielo las onzas
del Siete de Oros?...

Yo miré ese nocturno albur y luego vi
cayendo en la negrura del espacio
en polvo de oro y bruma de topacio,
las cuatro notas del kikirikí...

Gallera sinfónica,
entre tus clarines estridentes o roncos,
se fuga un azorado relincho
como la estampida del potro.

Y domésticos o rurales
discurren los otros rumores
de la mañana pueblerina,
leyes, como el agua que corre...

José Juan Tablada

EL GRAN GALEOTO

Margot está en el balcón
con medio cuerpo hacia fuera,
yo de pie sobre la acera,
dándole conversación.
—Dí: ¿Qué quieres, hija mía?
—Irme contigo.
   —No puedes;
te mando que en casa quedes,
las niñas salen de día.
—¿De noche no?
   —No
   —¿Por qué?
—Porque no… ya lo sabrás.
—¿Pero tú adónde te vas?
—Al teatro y al café.
—¡Al teatro! ¿Y es bonita
la comedia?
   —Mucho, sí…
—Entonces llévame allí,
voy a bajar…

—¡Margarita!
—¿Y al café cuanto te vas?
—Muy tarde, a la media noche.
—Bien pues iremos en coche,
así sí me llevarás.
—De noche no puedes ir
ni al teatro ni al café…
—¿Espantan?
       —No.
             —Pues ¿por qué?
—Porque no puedes salir.
—Pero dí: ¿por qué no puedo?
—Está oscura la ciudad.
—Dices que a la oscuridad
nunca se le tiene miedo.
—Traeré dulces al volver.
—¿Todos serán para mí?
—Todos.
             —¿Pero todos?
             —¡Sí!
—¿De veras?
             —Todos mujer.
—Así me quedo contenta.
—Bien, pues entra que hace frío…
—¿Te vas?
             —Me voy, ángel mío.
—Mis dulces…
             —Calla, avarienta.
—¿Qué dices?
             —Nada, tesoro,
que ya me voy, nada escucho.

—¿Me quieres?
        —¡Te quiero mucho!
¿Y tú, me quieres?
        —¡Te adoro!
—Soy obediente.
        —Por eso
vives ya tan consentida.
Un beso…
        —Toma, mi vida.

Pasaban a la sazón
varias gentes por la acera,
y al oír de tal manera
cortar la conversación,
nos juzgan pechos de lava
que laten de amor en pos,
y dicen: ¡vaya! ¡Son dos
que están pelando la pava!

Juan de Dios Peza

ROMANCE DE LA NIÑA NEGRA

I

Toda vestida de blanco,
almidonada y compuesta,
en la puerta de su casa
estaba la niña negra.

Un erguido moño blanco
decoraba su cabeza;
collares de cuentas rojas
al cuello le daban vueltas.

Las otras niñas del barrio
jugaban en la vereda;
las otras niñas del barrio
nunca jugaban con ella.

Toda vestida de blanco,
almidonada y compuesta,

en su féretro de pino
reposa la niña negra.

A la presencia de Dios
un ángel blanco la lleva;
la niña negra no sabe
si ha de estar triste o contenta.

Dios la mira dulcemente,
le acaricia la cabeza,
y un lindo par de alas blancas
a sus espaldas sujeta.

Los dientes de mazamorra
brillan a la niña negra.
Dios llama a todos los ángeles
y dice: ¡jugad con ella!

Luis Cané

UN HOMBRE FRENTE AL MAR

Es como yo: lo siento con mi angustia y mi
                                    (sangre.
Hermoso de tristeza, va al encuentro del mar,
para que el Sol y el Viento le oreen de agonía.
Paz en la frente quieta; el corazón, en ruinas;
quiere vivir aun para morir más tiempo.

Es como yo: lo veo con mis ojos perdidos;
también busca el amparo de la noche marina;
también lleva la rota parábola de un vuelo
sobre su anciano corazón.

Va, como yo, vestido de soledad nocturna.
Tendidas las dos manos hacia el rumor oceánico,
está pidiendo al tiempo del mar que lo liberte
de ese golpe de olas sin tregua que sacude
su anciano corazón, lleno de sombras.

Es como yo: lo siento como si fuera mía
su estampa, modelada por el furor eterno
de su mar interior.

Hermoso de tristeza,
está tratando —en vano— de no quemar la arena
con el ácido amargo de sus lágrimas.

Es como yo: lo siento como si fuera mío,
su anciano corazón, lleno de sombras…

Hérib Campos Cervera

SALVAJE

Bebo del agua limpia y clara del arroyo
y vago por los campos teniendo por apoyo
un gajo de algarrobo liso, fuerte y pulido
que en sus ramas sostuvo la dulzura de un nido.

Así paso los días, morena y descuidada,
sobre la suave alfombra de la grama aromada,
comiendo de la carne jugosa de las fresas
o en busca de fragantes racimos de frambuesas.

Mi cuerpo está impregnado del aroma ardoroso
de los pastos maduros. Mi cabello sombroso
esparce, al destrenzarlo, olor a sol y a heno,
a salvia, a yerbabuena y a flores de centeno.

¡Soy libre, sana, alegre, juvenil y morena,
cual si fuera la diosa del trigo y de la avena!
¡Soy casta como Diana
y huelo a hierba clara nacida en la mañana!

Juana de Ibarbourou

23

A MI MADRE

¡Ah! ¡qué dolor iguala al que sentimos
cuando vemos cadáver macilento
el cuerpo de la madre que quisimos,
árido el seno que nos dio alimento,
adonde tantas veces nos dormimos,
al blando arrullo de su suave acento;
muda la boca, inmóviles los brazos,
pródigos en cariños y en abrazos!

¡Una madre! ¡una madre! es la primera
blanca estrella de amor que pura brilla
junto a la cuna y en la incierta esfera,
do vaga incierta la niñez sencilla.
La voz que en el dolor nos dice: ¡Espera!
puerto de salvación, última orilla,
adonde llega el náufrago del mundo,
para aguardar la paz del moribundo.

¡Una madre es la luz, es la existencia!
es el único amor que no concluye,

que dentro el corazón como una esencia,
que purifica, esparramando fluye.
Cuando abate el pesar toda creencia,
jamás esta creencia se destruye;
y queda en nuestras almas tan asida,
¡que parece la yedra de la vida!

Doquiera siempre igual, conmigo viene
como celeste incógnita armonía,
tu nombre el corazón grabado tiene,
y lo tiene también mi fantasía.
¡Él será el eco postrimer que suene
en mis murientes labios, madre mía!
y será en mi sepulcro, relicario
que guardarán mi losa y mi sudario!

Guillermo Matta

LOS SONETOS DE DIOS

FRAGMENTOS

V

Dios me llega en la voz y en el acento.
Dios me llega en la rosa coronada
de luz y estremecida por el viento.
Dios me llega en corriente y marejada.

Dios me llega. Me llega en la mirada.
Dios me llega. Me envuelve con su aliento.
Dios me llega. Con mano desbordada
de mundos, Él me imprime movimiento.

Yo soy, desde las cosas exteriores
hasta los interiores, haz de ardores,
de músicas, de impulsos y de aromas.

Y cuando irrumpe el canto que a Él me
                                    (mueve,
el canto alcanza, en su estructura leve,
la belleza de un vuelo de palomas.

VII

Yo por el arco iris a Dios llego
y a lo corpóreo el canto no limito,
porque a Dios, en mi canto, yo me entrego,
y hallo en Dios el amor de lo infinito.

Por el mar de la luz, a luz, navego;
y en el mar de la luz, por luz, habito,
gozoso de sentir el sumo fuego
que en la palabra se transforma en grito.

Del arco iris, que es secreta vía,
procede la seráfica armonía.
El color y la luz hacen mi canto.

Mídame el mundo en mi cabal altura;
y vea que, en mi canto a la hermosura,
el solo amor de lo infinito canto.

Evaristo Rivera Chevremont

GUADALUPE

Con su escolta de rancheros,
diez fornidos guerrilleros, y en su cuaco retozón
que la rienda mal aplaca,
Guadalupe la chinaca va a buscar a Pantaleón.

Pantaleón es su marido,
el gañán más atrevido con las bestias y en la lid;
faz trigueña, ojos de moro,
y unos músculos de toro y unos ímpetus de Cid.

Cuando mozo fue vaquero,
y en el monte y el potrero la fatiga le templó
para todos los reveses,
y es terror de los franceses, y cien veces lo probó.

Con su silla plateada,
su chaqueta almarade, su vistoso cachirul
y la lanza de cañutos,
cabalgando pencos brutos ¡qué gentil se ve el
                                        (gandul!

Guadalupe está orgullosa
de su prieto: ser su esposa le parece una ilusión,
y al mirar que en la pelea
Pantaleón no se pandea grita: ¡viva Pantaleón!
Ella cura a los heridos
con remedios aprendidos en el rancho en que nació,
y los venda en los combates
con los rojos paliacates que la pólvora impregnó.

En aquella madrugada todo holga su mirada
finge pórfido el nopal,
y los órganos parecen candelabros que se mecen
con la brisa matinal.

En los planes y en las peñas, el ganado entre las
                                                (breñas
rumia, triste mugidor
azotándose los flancos, y en los húmedos barrancos
busca tunas el pastor.

A lo lejos, en lo alto, bajo un cielo de cobalto
que desgarra su capuz,
van tiñiéndose las brumas, como un piélago de
                                                (plumas
irisadas por la luz.
Y en las fértiles llanadas, entre milpas retostadas
de calor, pringan el pan
amapolas, maravillas, zempoalxóchitls amarillas
y azucenas de San Juan.

Guadalupe va de prisa, de retorno de la misa:
que, en las fiestas de guardar,
nunca faltan las rancheras
con sus flores y sus ceras a la iglesia del lugar;
con su gorra galoneada, su camisa pespunteada,
su gran paño para el sol,
su rebozo de bolitas,
y una saya nuevecita y unos bajos de charol;
con su faz encantadora más hermosa que la aurora
que colora la extensión;
con sus labios de carmines,
que parecen colorines, y su cutis de piñón;
se dirige al campamento donde reina el movimiento
y hay mitote y hay licor;
porque ayer fue bueno el día,
pues cayó en la serranía un convoy del invasor.

Qué mañana tan hermosa: ¡cuánto verde, cuánto
(rosa,

y qué linda, en la extensión
rosa y verde, se destaca
con su escolta la chinaca que va a ver a Pantaleón!

Amado Nervo

REDONDILLAS

Hombres necios que acusáis
a la mujer sin razón,
sin ver que sois la ocasión
de lo mismo que culpáis.

Si con ansia sin igual
solicitáis su desdén,
¿por qué queréis que obren bien
si las incitáis al mal?

Combatís su resistencia
y luego con gravedad,
decís que fue liviandad
lo que hizo la diligencia.

Parecer quiere el denuedo
de vuestro parecer loco,
al niño que pone el coco,
y luego le tiene miedo.

Queréis con presunción necia,
hallar a la que buscáis,
para pretendida, Thais,
y en la posesión, Lucrecia.

¿Qué humor puede ser más raro,
que el que falto de consejo
él mismo empaña el espejo
y siente que no esté claro?

Con el favor y el desdén
tenéis condición igual:
quejándoos si os tratan mal
burlándoos si os quieren bien.

Opinión ninguna gana,
pues la que más se recata,
si no os admite, es ingrata,
y si os admite, es liviana.

Siempre tan necios andáis,
que con desigual nivel
a una culpáis por cruel
y a otra por fácil culpáis.

¿Pues cómo ha de estar templada
la que vuestro amor pretende,
si la que es ingrata ofende
y la que es fácil enfada?

Mas entre el enfado y pena
que vuestro gusto refiere,
bien haya la que no os quiere,
y quejaos en hora buena.

Dan vuestras amantes penas
a sus libertades alas,
y después de hacerlas malas
las queréis hallar muy buenas.

¿Cuál mayor culpa ha tenido,
en una pasión errada,
la que cae de rogada,
o el que ruega de caído?

¿O cuál es más de culpar,
aunque cualquiera mal haga,
la que peca por la paga
o el que paga por pecar?

¿Pues por qué os espantáis
de la culpa que tenéis?
Queredlas cual las hacéis
o hacedlas cual las buscáis.

Dejad de solicitar
y después, con más razón,
acusaréis la afición
de la que os fuere a rogar.

Bien con muchas armas fundo
que lidia vuestra arrogancia,
pues en promesa e instancia
juntáis diablo, carne y mundo.

Sor Juana Inés de la Cruz

LOS CABALLOS DE
LOS CONQUISTADORES

¡Los caballos eran fuertes!
¡Los caballos eran ágiles!
Sus pescuezos eran finos y sus ancas
relucientes y sus cascos musicales…

¡Los caballos eran fuertes!
¡Los caballos eran ágiles!
¡No! No han sido los guerreros solamente,
de corazas y penachos y tizonas y estandartes,
los que hicieron la conquista
de las selvas y los Andes:

Los caballos andaluces, cuyos nervios
tienen chispas de la raza voladora de los árabes,
estamparon sus gloriosas herraduras
en los secos pedregales,
en los húmedos pantanos,

en los ríos resonantes,
en las nieves silenciosas,
en las pampas, en las sierras, en los bosques y
en
(los valles.

¡Los caballos eran fuertes!
¡Los caballos eran ágiles!

José Santos Chocano

DIOS

Siento a Dios que camina
tan en mí, con la tarde y con el mar.
Con Él nos vamos juntos. Anochece.
Con Él anochecemos. Orfandad…

Pero yo siento a Dios. Y hasta parece
que Él me dicta no sé qué buen color.
Como un hospitalario, es bueno y triste;
mustia un dulce desdén de enamorado;
debe dolerle mucho el corazón.

Oh, Dios mío, recién a Ti me llego,
hoy que amo tanto en esta tarde; hoy
que en la falsa balanza de unos senos,
mido y lloro una frágil Creación.

Y Tú, cuál llorarás…, Tú enamorado
de tanto enorme seno girador…

Yo te consagro, Dios, porque amas tanto;
porque jamás sonríes; porque siempre
debe dolerte mucho el corazón.

César Vallejo

EL RUEGO

Señor, tú sabes cómo, con encendido brío,
por los seres extraños mi palabra te invoca.
Vengo ahora a pedirte por uno que era mío,
mi vaso de frescura, el panal de mi boca,

cal de mis huesos, dulce razón de la jornada,
gorjeo de mi oído, ceñidor de mi veste.
Me cuido hasta de aquellos en que no puse nada;
¡no tengas ojo torvo si te pido por éste!

Te digo que era bueno, te digo que tenía
el corazón entero a flor de pecho, que era
suave de índole, franco como la luz del día,
henchido de milagro como la primavera.

Me replicas, severo, que es de plegaria indigno
el que no untó de preces sus dos labios febriles,
y se fue aquella tarde sin esperar tu signo,
trizándose las sienes como vasos sutiles.

Pero yo, mi Señor, te arguyo que he tocado,
de la misma manera que el nardo de su frente,
todo su corazón dulce y atormentado,
¡y tenía la seda del capullo naciente!

¿Qué fue cruel? Olvidas, Señor, que le quería,
y él sabía suya la entraña que llagaba.
¿Qué enturbió para siempre mis linfas de alegría?
¡No importa! Tú comprende: ¡yo le amaba, le
                                        (amaba!

Y amar (bien sabes de eso) es amargo ejercicio;
un mantener los párpados de lágrimas mojados,
un refrescar de besos las trenzas del silicio,
conservando, bajo ellas, los ojos extasiados.

El hierro que taladra tiene un gustoso frío,
cuando abre, cual gavillas, las carnes amorosas.
Y la cruz (Tú te acuerdas ¡oh Rey de los judíos!)
se lleva con blandura, como un gajo de rosas.

Aquí me estoy, Señor, con la cara caída
sobre el polvo, parlándote un crepúsculo entero,
o todos los crepúsculos a que alcanza la vida,
si tardas en decirme la palabra que espero.

Fatigaré tu oído de preces y sollozos,
lamiendo, lebrel tímido, los bordes de tu manto,
y ni pueden huirme tus ojos amorosos
ni esquivar tu pie el riesgo caliente de mi llanto.

¡Dí el perdón, dilo al fin! Va a esparcir en el
                                        (viento
la palabra el perfume de cien pomos de olores
al vaciarse; toda agua será deslumbramiento;
el yermo echará flor y el guijarro esplendores.

Se mojarán los ojos oscuros de las fieras,
y, comprendiendo, el monte que de piedra forjaste
llorará por los párpados blancos de sus neveras:
¡toda la tierra tuya sabrá que perdonaste!

Gabriela Mistral

EL DIVINO AMOR

Te ando buscando, amor que nunca llegas,
te ando buscando, amor que te mezquinas,
me aguzo por saber si me adivinas,
me doblo por saber si te me entregas.

Las tempestades mías, andariegas,
se han aquietado sobre un haz de espinas;
sangran mis carnes gotas purpurinas
porque a salvarme, ¡oh, niño!, te me niegas.

Mira que estoy de pie sobre los leños,
que a veces bastan unos pocos sueños
para encender la llama que me pierde.

Sálvame, amor, y con tus manos puras
trueca este fuego en límpidas dulzuras
y haz de mis leños una rama verde.

Alfonsina Storni

41

PATRIA

¡Oh, Patria, tan pequeña, tendida sobre un
Istmo,
donde es más claro el cielo y más vibrante el Sol!
En mí resuena toda tu música, lo mismo
que el mar en la pequeña selva del caracol.

Revuelvo la mirada, y a veces siento espanto
cuando no veo el camino que a ti me ha de tornar…
¡Quizá nunca supiera que te quería tanto,
si el Hado no dispone que atravesara el mar…!

¡La Patria es el recuerdo…! Pedazos de la vida,
envueltos en jirones de amor y de dolor;
la palma rumorosa, la música sabida,
el huerto ya sin flores, sin hojas, sin verdor.

La Patria son los viejos senderos retorcidos
que el pie, desde la infancia, sin tregua recorrió;
en donde son los árboles, antiguos conocidos

que al paso nos conversan de un tiempo que pasó.
En vez de estas soberbias torres con áurea
(flecha,
en donde un sol cansado se viene a desmayar,
dejadme el viejo tronco donde escribí una fecha,
donde he robado un beso, donde aprendí a soñar.

¡Oh, mis vetustas torres, queridas y lejanas,
yo siento las nostalgias de vuestro repicar!
He visto muchas torres, oí muchas campanas,
pero ninguna supo, ¡torres lejanas!
cantar como vosotras, cantar y sollozar.

¡La Patria es el recuerdo…! Pedazos de la vida,
envueltos en jirones de amor y de dolor;
la palma rumorosa, la música sabida,
el huerto ya sin flores, sin hojas, sin verdor.

¡Oh, Patria tan pequeña, que cabes toda entera
debajo de la sombra de nuestro pabellón!
¡Quizá fuiste tan chica para que yo pudiera
llevarte toda entera dentro del corazón! *Ricardo Miró*

LA CALAVERA DEL LOCO

Le cortaron la cabeza a un desventurado loco
que con aire de sonámbulo recitaba sus monólogos,
y arrojándola al jardín, donde a la hora del bochorno
él hablaba con las rosas y con los claveles rojos,
que de un mal desconocido se murió en el manicomio,
transformándose aquella masa de células y de fósforo.

Cayéronse los cabellos con los músculos del rostro
y se comieron las aves a picotazos los ojos,
coció el sol dentro del cráneo como si fuera en un
                                                    (horno
la cabeza, y en gusanos fatídicos y horrorosos
surgieron, alborotadas, mil mariposas de oro.

Después cuando el jardinero del jardín del
                                            (manicomio
sacudió la calavera entre sus dedos callosos,
brillaron chispas extrañas en las cuencas de los ojos
y chocaron como riéndose las mandíbulas del loco.

Juan Ramón Molina

Y LA MIRÉ PARTIR

Y la miré partir. Fue un vivo
instante lleno de emoción.
Me quedé mudo y pensativo.
Era la última ilusión.

Lucía el mar todas sus galas:
nieve y cristal, oro y zafir.
Mi corazón cerró las alas
como ave ansiosa de dormir.

Drama de luz triste y augusto
iba al ocaso a fenecer.
Mi alma sufría en el adusto
silencio del atardecer.

La onda azul, blanca la estela;
una florida embarcación,
y un horizonte y una vela…
¡Se fue llorando, la ilusión!

Ni amor, ni ensueño, ni alegría.
¿Cómo vivir? ¿Cómo cantar,
abandonada poesía,
si hasta el dolor nos va a dejar?…

La sombra inmensa se extendía
y me quedé mirando el mar…

Luis G. Urbina

EL POETA CIEGO

El tibio resplandor de la alborada
se extiende por los términos del cielo,
y traspasa la lóbrega y pesada
niebla que entolda de Bretaña el suelo.

En el brazo de Débora apoyado
un ciego de canosa cabellera,
con insegura planta de un collado
desciende de la mar a la ribera.

Es el cantor de la celeste guerra
del bien perdido, del castigo eterno,
de la primera culpa de la tierra,
de la primera conquista del Averno.

De Débora los dulces, claros ojos,
son el azul del cielo refulgente,
guardan sus esmaltados labios rojos
perlas abrillantadas del Oriente.

Es cual la flor de la mañana pura,
como ensueño de amor es hechicera;
le dio el sauce su lánguida tristura,
le dio su gentileza la palmera.

Tiene del cisne erguido el alto cuello,
levantado en su pecho, su piel breve;
desciende con rizos de oro su cabello
desde la sien de inmaculada nieve.

Atesora su cándida hermosura
más que terrenas, celestiales galas,
es un ángel venido de la altura,
que tan sólo al bajar perdió las alas.

Besa las faldas del agreste monte
que Débora y su padre están bajando
el espumoso mar; en su horizonte
las velas de un bajel se van alzando.

No empavesan la nave misteriosa
ni flámula, ni insignia, ni bandera,
y el gobernalle sigue a la arenosa
playa do Milton con afán espera.

El seno maternal de la Bretaña
se apercibe a dejar, que en los combates
vencido, va a pedir a tierra extraña
asilo do librar lira y penares…

Eduardo Larming

LOS POTROS

Atropellados por la pampa suelta,
los raudos potros, en febril disputa,
hacen silbar sobre la sorda ruta
los huracanes en su crin revuelta.

Atrás, dejando la llanura envuelta
en polvo, alargan la cerviz enjuta,
y a su carrera retumbante y bruta
cimbran los pinos y la palma esbelta.

Cuando ya cruzan el austral peñasco,
vibra un relincho por las altas rocas;
entonces paran el triunfante casco.

Resoplan, roncos, ante el sol violento,
y alzando en grupo las cabezas locas,
oyen llegar el retrasado viento.

José Eustasio Rivera

LA TUMBA DEL SOLDADO

El vencedor ejército la cumbre
salvó de la montaña
y en el ya solitario campamento,
que de lívida luz la tarde baña,
del negro terranova,
compañero jovial del regimiento,
resuenan los aullidos
por los ecos del valle repetidos.

Llora sobre la tumba del soldado,
y bajo aquella cruz de tosco leño,
lame el césped aun ensangrentado
y aguarda el fin de tan profundo sueño.

Meses después, los buitres de la sierra
rondaban todavía
el valle, campo de batalla un día.
La cruces de la tumba ya por tierra…
Ni un recuerdo, ni un nombre…

¡Oh, no! sobre la tumba del soldado,
del negro terranova
cesaron los aullidos,
mas del noble animal allí han quedado
los huesos sobre el césped esparcidos.

Jorge Isaacs

EL HOMBRE,
EL CABALLO Y EL TORO

A un Caballo dio un Toro tal cornada,
que en todo un mes no estuvo para nada.

Restablecido y fuerte,
quiere vengar su afrenta con la muerte
de un enemigo; pero como duda
si contra el asta fiera, puntiaguda,
arma serán sus cascos, poderosa,
al hombre pide ayuda.

—De mil amores, —dice el hombre—
                    (¿Hay cosa
más noble y digna del valor humano,
que defender al flaco y desvalido,
y dar castigo a un ofensor villano?
Llévame a cuestas tú, que eres fornido;
yo le mato, y negocio concluido.

Apercibidos van a maravilla
los aliados; lleva el hombre lanza;
riendas el buen rocín, y freno y silla
y en el bruto feroz toman venganza.

—Gracias por tu benévola asistencia,
dice el corcel —me vuelvo a mi querencia;
desátame la cincha, y Dios te guarde.
    —¿Cómo es eso? ¿Tamaño beneficio
                                    (pagas así?
    —Yo no pensé...
    —Ya es tarde
para pensar; estás a mi servicio;
y quieras o no quieras,
en él has de vivir hasta que mueras.

Pueblos americanos,
si jamás olvidáis que sois hermanos,
y a la patria común, madre querida,
ensangrentáis en duelo fraticida,
¡ah!, no invoquéis, por Dios, de gente
                                    (extraña
el costoso favor, falaz precario,
más de temer que la enemiga saña.

¿Ignoráis cuál ha sido su costumbre?
Demandar por salario
tributo eterno y dura servidumbre.

Andrés Bello

LOS MOTIVOS DEL LOBO

El varón que tiene corazón de lis,
alma de querube, lengua celestial,
el mínimo y dulce Francisco de Asís,
está con un rudo y torvo animal,
bestia temerosa, de sangre y de robo,
las fauces de furia, los ojos del mal:
el lobo de Gubbia, el terrible lobo.
Rabioso ha asolado los alrededores,
cruel ha deshecho todos los rebaños;
devoró corderos, devoró pastores,
y son incontables sus muertes y daños.

Fuertes cazadores armados de hierros
fueron destrozados. Los duros colmillos
dieron cuenta de los más bravos perros,
como de cabritos y de corderillos.

Francisco salió:
al lobo buscó
en su madriguera.

Cerca de la cueva encontró a la fiera
enorme, que al verle se lanzó feroz
contra él. Francisco con su dulce voz,
alzando la mano,
al lobo furioso dijo: —"¡Paz, hermano
lobo!" —El animal
contempló al varón de tosco sayal;
dejó su aire arisco,
cerró las abiertas fauces agresivas,
y dijo: —"¡Está bien, hermano Francisco!"
—"¡Cómo! —exclamó el santo—. ¿Es ley que
                                    (tú vivas
de horror y de muerte?
¿La sangre que vierte
tu hocico diabólico, el duelo y espanto
que esparces, el llanto
de los campesinos, el grito, el dolor
de tanta criatura de Nuestro Señor?
¿No han de contener tu encono infernal?
¿Vienes del infierno?
¿Te han infundido acaso su rencor eterno
Luzbel o Belial?"
Y el gran lobo, humilde: —"¡Es duro el
                                    (invierno,
y es horrible el hambre! En el bosque helado
no hallé qué comer, y busqué el ganado,
y en veces comí ganado y pastor.
¿La sangre? Yo vi más de un cazador
sobre su caballo, llevando el azor
al puño; o correr tras el jabalí,
el oso o el ciervo; y a más de uno vi

mancharse de sangre, herir, torturar,
de las roncas trompas al sordo clamor
a los animales de Nuestro Señor.
Y no era por hambre, que iban a cazar".
Francisco responde: —"En el hombre existe
mala levadura.
Cuando nace viene con pecado. Es triste.
Mas el alma simple de la bestia es pura.
Tú vas a tener
desde hoy qué comer.
Dejarás en paz
rebaños y gente en este país.
¡Que Dios melifique tu ser montaraz!"
—"Está bien, hermano Francisco de Asís".
—"Ante el Señor, que todo ata y desata,
en fe de promesa tiéndeme la pata".
El lobo tendió la pata al hermano
de Asís, que a su vez le alargó la mano.
Fueron a la aldea. La gente veía
y lo que miraba casi no creía.
Tras el religioso iba el lobo fiero,
y, baja la testa, quieto lo seguía
como un can de casa, o como un cordero.

Francisco llamó la gente a la plaza
y allí predicó.
Y dijo: —"He aquí una amable caza.
El hermano lobo se viene conmigo;
me juró no ser ya nuestro enemigo,
y no repetir su ataque sangriento.
Vosotros, en cambio, daréis su alimento

a la pobre bestia de Dios". —"¡Así sea!"—,
contestó la gente toda de la aldea.
Y luego, en señal
de contentamiento,
movió testa y cola el buen animal,
y entró con Francisco de Asís al convento.

Algún tiempo estuvo el lobo tranquilo
en el santo asilo.
Sus bastas orejas los salmos oían
y los claros ojos se le humedecían.
Aprendió mil gracias y hacía mil juegos
cuando a la cocina iba con los legos.
Y cuando Francisco su oración hacía,
el lobo las pobres sandalias lamía.

Salía a la calle,
iba por el monte, descendía al valle,
entraba en las casas y le daban algo
de comer. Mirábanle como a un manso galgo.

Un día, Francisco se ausentó. Y el lobo
dulce, el lobo manso y bueno, el lobo probo,
desapareció, tornó a la montaña,
y recomenzaron su aullido y su saña.
Otra vez sintióse el temor, la alarma,
entre los vecinos y entre los pastores;
colmaba el espanto los alrededores,
de nada servían el valor y el arma,
pues la bestia fiera
no dio treguas a su furor jamás,

como si tuviera
fuegos de Moloch y de Satanás.

Cuando volvió al pueblo el divino santo,
todos lo buscaron con quejas y llanto,
y con mil querellas dieron testimonio
de lo que sufrían y perdían tanto
por aquel infame lobo del demonio.

Francisco de Asís se puso severo.
Se fue a la montaña
a buscar al falso lobo carnicero.
Y junto a su cueva halló a la alimaña.
—"En nombre del Padre del sacro universo,
conjúrote —dijo— ¡oh, lobo perverso!,
a que me respondas: ¿Por qué has vuelto al mal?
Contesta. Te escucho".
Como en sorda lucha, habló el animal,
la boca espumosa y el ojo fatal:
—"Hermano Francisco, no te acerques mucho…
Yo estaba tranquilo allá en el convento,
al pueblo salía,
y si algo me daban estaba contento
y manso comía.
Mas, empecé a ver que en todas las casas
estaban la envidia, la saña, la ira,
y en todos los rostros ardían las brasas
de odio, de lujuria, de infamia y mentira.
Hermanos a hermanos hacían la guerra,
perdían los débiles, ganaban los malos,
hembra y macho eran como perro y perra,

y un buen día todos me dieron de palos.
Me vieron humilde, lamía las manos
y los pies. Seguía tus sagradas leyes,
todas las criaturas eran mis hermanos,
los hermanos hombres, los hermanos bueyes,
hermanas estrellas y hermanos gusanos.
Y así, me apalearon y me echaron fuera.
Y su risa fue como una agua hirviente,
y entre mis entrañas revivió la fiera,
y me sentí lobo malo de repente;
mas siempre mejor que esa mala gente.
Y recomencé a luchar aquí,
a me defender y a me alimentar.
Como el oso hace, como el jabalí,
que para vivir tienen que matar.
Déjame en el monte, déjame en el risco,
déjame existir en mi libertad,
vete a tu convento, hermano Francisco,
sigue tu camino y tu santidad".

El santo de Asís no le dijo nada.
Le miró con una profunda mirada,
y partió con lágrimas y con desconsuelos,
y habló al Dios eterno con su corazón.
El viento del bosque llevó su oración,
que era: "Padre nuestro, que estás en los
(cielos...

Rubén Darío

59

EL RUEGO

Señor, Señor, hace ya tiempo, un día
soñé un amor como jamás pudiera
soñarlo nadie, algún amor que fuera
la vida toda, toda la poesía.

Y pasaba el invierno y no venía,
y pasaba también la primavera,
y el verano de nuevo persistía,
y el otoño me hallaba con mi espera.

Señor, Señor; mi espalda está desnuda.
¡Haz restallar allí, con mano ruda,
el látigo que sangra a los perversos!

Que está la tarde ya sobre mi vida,
y esta pasión ardiente y desmedida
la he perdido, ¡Señor, haciendo versos!

Alfonsina Storni

SIEMPRE

Peregrina paloma imaginaria
que enardeces los últimos amores;
alma de luz, de música y de flores,
peregrina paloma imaginaria.

Vuela sobre la roca solitaria
que baña el mar glacial de los dolores;
haya, a tu paso, un haz de resplandores
sobre la adusta roca solitaria...

Vuela sobre la roca solitaria,
peregrina paloma, ala de nieve
como divina hostia, ala tan leve

como un copo de nieve; ala divina,
copo de nieve, lirio, hostia, neblina,
peregrina paloma imaginaria...

Ricardo Jaimes Freire

NIÑA DE CARA MORENA

Niña de cara morena
que estás lavando en el río,
¿por qué das al río pena,
echando tu llanto al río,
niña de cara morena?

Los hombres del caserío,
con la azada y con el canto,
bajan a beber al río.

Si todos beben tu llanto,
niña de moreno encanto,
¿qué será del caserío?

Niña, de cara morena,
la amargura de tu pena
no la llores en el río.
Déjale el agua serena,
sin tu llanto, sin tu pena,
a la sed del caserío.

Carlos Prendes Saldías

ANTELACIÓN DE AMOR

Ni la intimidad de tu frente clara como una fiesta
ni la privanza de tu cuerpo, aún misterioso y tácito y
                                        (de niña,
ni la sucesión de tu vida situándose en palabras o
                                        (acallamiento
serán favor tan persuasivo de ideas
como el mirar tu sueño implicado
en la vigilia de mis ávidos brazos.

Virgen milagrosamente otra vez por la virtud
                                (absolutoria del sueño,
quieta y resplandeciente como una dicha en la
                                (selección del recuerdo,
me darás esa orilla de tu vida que tú misma no tienes,
arrojado a quietud
divisaré esa playa última de tu ser
y te veré por vez primera quizás,
como Dios ha de verte,
desbaratada la ficción del tiempo
sin el amor, sin mí.

Jorge Luis Borges

EL CENZONTLE

Mi inocente prisionero,
ave de las plumas pardas,
mi primoroso cenzontle,
que tan impaciente saltas
y con el piquito intentas
romper tu dorada jaula,
¿por qué tu misión olvidas?
Responde: ¿por qué no cantas?

Por oír tus melodías
te aprisioné, aunque apenada;
¿y callas, ave querida,
burlando así mi esperanza?

Tu inquietud bien la comprendo…
es que libertad te falta;
pero ¿ignoras que las quejas
alivian el mal del alma?

Libertad quieres, no hay duda,
la esclavitud es amarga:
tienes razón, yo bendigo
tus aspiraciones santas.

¡Corre, pues… al campo vuela,
besa las flores galanas,
fabrica tu blando nido
en las cimbradoras ramas!

¡Vuela, salta de contento,
liba la fuente plateada
que sobre blancas arenas
siempre juguetona salta!

¡Quién te verá en la pradera
volando de rama en rama,
lanzando tu amante queja
allá entre las flores blancas,
    y cantando tus amores
con voz triste, apasionada!
cruzando la selva umbrosa
en la plácida mañana,
    pasando tu vida alegre
cual otras aves la pasan.

¡Sal, pues…! ¿Rehúsas también
pertinaz, la vida grata
    que te ofrezco? ¡Qué misterio!
Queda, pues, en tu áurea jaula,
quédate en ella, lo quieres,
de importunas quejas basta.

¡Si adivinar yo pudiera
de tu silencio la causa,
satisfecha quedaría
si al fin tus penas calmaban!

Si algún secreto pesar
enmudeció tu garganta,
no creas que yo indiscreta
tu secreto publicara.

¿Quizás la perfidia lloras
de tu consorte inhumana
que libre en el campo vive
con tu rival que la halaga?

¡Desgraciado! Si esa ha sido
la causa porque no cantas
es dolor que nadie cura;
no hay remedio, calla, calla.

Carmen P. de Silva

A GLORIA

No intentes convencerme de torpeza
con los delirios de tu mente loca:
mi razón es al par luz y firmeza,
firmeza y luz como el cristal de roca.

Semejante al nocturno peregrino,
mi esperanza inmortal no mira al suelo:
no viendo más que sombra en el camino,
sólo contempla el esplandor del cielo.

Vanas son las imágenes que entraña
tu espíritu infantil, santuario oscuro.
Tu numen, como el oro en la montaña,
es virginal y por lo mismo impuro.

A través de este vórtice que crispa,
y ávido de brillar, vuelo o me arrastro,
oruga enamorada de una chispa,
o águila seducida por un astro.

Inútil es que con tenaz murmullo
exageres el lance en que me enredo:
yo soy altivo, y el que alienta orgullo
lleva un broquel impenetrable al miedo.

Fiado en el instinto que me empuja,
desprecio los peligros que señalas:
"El ave canta aunque la rama cruja,
como que sabe lo que son sus alas".

Erguido bajo el golpe en la porfía,
me siento superior a la victoria.
Tengo fe en mí: la adversidad podría
quitarme el triunfo, pero no la gloria.

¡Deja que me persigan los abyectos!
¡Quiero atraer la envidia, aunque me
(abrume!
La flor en que se posan los insectos
es rica de matiz y de perfume.

El mal es el teatro en cuyo foro
la virtud, esa trágica, descuella;
en la sibila de palabras de oro,
la sombra que hace resaltar la estrella.

¡Alumbrar es arder! Estro encendido
será el fuego voraz que me consuma.
La perla brota del molusco herido
y Venus nace de la amarga espuma.

Los claros timbres de que estoy ufano
han de salir de la calumnia ilesos.
Hay plumajes que cruzan el pantano
y no se manchan… ¡Mi plumaje es de esos!

¡Fuerzas que sufra mi pasión! La palma
crece en la orilla que el oleaje azota.
El mérito es el náufrago del alma:
¡vivo, se hunde, pero muerto flota!

¡Depón el ceño y que tu voz me arrulle!
¡Consuela el corazón del que te ama!
Dios dijo al agua del torrente: ¡bulle!
y al lirio de la margen: ¡embalsama!

¡Confórmate, mujer! Hemos venido
a este valle de lágrimas que abate,
tú, como la paloma, para el nido,
y yo, como el león, para el combate.

Salvador Díaz Mirón

A UNA ROSA

¿Ves de tu candor que apura
al alba el primer albor?
Pues tanto el riesgo es mayor
cuanto es mayor la hermosura.
No vivas de ella segura
que si consientes, errada,
que te corte mano osada
por gozar beldad y olor,
en perdiéndose el color
también serás desdichada.

Sor Juana Inés de la Cruz

DÍA DE FIESTA

Un cielo gris. Morados estandartes
con escudos de oro; vibraciones
de altas campanas; báquicas canciones;
palmas verdes ondeando en todas partes;
    banderas tremolando en los baluartes;
figuras femeninas en balcones;
estampido cercano de cañones;
gentes que lucran por diversas artes.

Mas ¡ya! mientras la turba se divierte,
y se agita en ruidoso movimiento
como una mar de embravecidas olas,
    circula por mi ser frío de muerte
y en lo interior del alma sólo siento
ansia infinita de llorar a solas.

Julián del Casal

71

DE CUERPO PRESENTE

Yo no estaré presente. La ilusoria
marea irrumpirá, letal y fría,
en olas conmovida todavía,
a anegar de ceniza la memoria.

Fuego abatido, cólera desierta,
la urna en sábanas al fin vencida
olvidará su resplandor: la vida
ayer a su cuidado, amante muerta.

Indiferente imagen, su apariencia
no será abismo, sino roca o viento
de soledad, sosiego y permanencia.

Cuerpo no más, vacío de pecado,
inmutable al pavor del pensamiento:
solo estará en sí mismo acostumbrado.

Alí Chumacero

TUÉRCELE EL CUELLO AL CISNE

Tuércele el cuello al cisne de engañoso
                              (plumaje
que da su nota blanca al azul de la fuente;
él pasea su gracia no más, pero no siente
el alma de las cosas ni la voz del paisaje.

Huye de toda forma y de todo lenguaje
que no vayan acordes con el ritmo latente
de la vida profunda... y adora intensamente
la vida, y que la vida, comprenda tu homenaje.

Mira el sapiente buho cómo tiende las alas
desde el Olimpo, deja el regazo de Palas
y posa en aquel árbol el vuelo taciturno...

Él no tiene la gracia del cisne, mas su
                              (inquieta
pupila, que se clava en la sombra, interpreta
el misterioso libro del silencio nocturno.

Enrique González Martínez

BODAS NEGRAS

Oye la historia que contóme un día
el viejo enterrador de la comarca:
—Era un amante a quién por suerte impía
su dulce bien le arrebató la Parca.

Todas las noches iba al cementerio
a visitar la tumba de la hermosa;
la gente murmuraba con misterio:
"es un muerto escapado de la fosa".

En una noche horrenda hizo pedazos
el mármol de la tumba abandonada,
cavó la tierra y se llevó en sus brazos
el rígido esqueleto de su amada.

Y allá, en su triste habitación sombría,
de un cirio fúnebre a la llama incierta
sentó a su lado la osamenta fría,
y celebró sus bodas con la muerta.

La horrible boca la cubrió de besos,
el yerto cráneo coronó de flores,
ató con cintas sus desnudos huesos,
y le contó sonriendo sus amores.

Llevó la novia al tálamo mullido,
se acostó junto a ella enamorado,
y para siempre se quedó dormido
al esqueleto rígido abrazado.

Carlos Borges

SONATINA

La princesa está triste… ¿qué tendrá la
(princesa?
los suspiros se escapan de su boca de fresa,
que han perdido la risa, que han perdido el color.
La princesa está palida en su silla de oro,
está mudo el teclado de su clave sonoro,
y en un vaso, olvidada, se desmaya una flor.

El jardín puebla el triunfo de los pavos reales;
parlanchina, la dueña dice cosas banales
y vestido de rojo pirutea el bufón.
La princesa no ríe, la princesa no siente;
la princesa persigue por el cielo de Oriente
la libélula vaga de una vaga ilusión.

¿Piensa acaso en el príncipe de Golconda o de
(China,
o en el que ha detenido su carroza argentina
para ver de sus ojos la dulzura de luz?

¿o en el rey de las islas de las rosas fragantes,
o en el que es soberano de los claros diamantes?
¿o en el dueño orgulloso de las perlas de Ormuz?

¡Ay!, la pobre princesa de la boca de rosa
quiere ser golondrina, quiere ser mariposa,
tener alas ligeras, bajo el cielo volar,
ir al Sol por la escala luminosa de un rayo,
saludar a los lirios con los veros de mayo,
o perderse en el viento sobre el trueno del mar.

Ya no quiere el palacio ni la rueca de plata,
ni el halcón encantado, ni el bufón escarlata,
ni los cisnes unánimes en el lago de azur.
Y están tristes las flores por la flor de la corte,
los jazmines de Oriente, los nelumbos del Norte,
de Occidente las dalias y las rosas del Sur.

¡Pobrecita princesa de los ojos azules!,
está presa en sus oros, está presa en sus tules,
en la jaula de mármol del palacio real;
el palacio soberbio que vigilan los guardas,
que custodian cien negros con sus cien alabardas,
un lebrel que no duerme y un dragón colosal.

¡Oh, quién fuera hipsipila que dejó la crisálida!
(La princesa está triste. La princesa está pálida).
¡Oh visión adorada de oro, rosa y marfil!
¡Quién volara a la tierra donde un príncipe existe!
(La princesa está pálida; la princesa está triste).
¡Más brillante que el alba, más hermosa que abril!

—Calla, calla, princesa —dice el hada
(madrina.
En caballo con alas, hacia acá se encamina,
en el cinto la espada y en la mano el azor,
el feliz caballero que te adora sin verte,
y que llega de lejos, vencedor de la Muerte,
a encenderte los labios con su beso de amor.

Rubén Darío

AL QUE INGRATO ME DEJA

Al que ingrato me deja, busco amante;
al que amante me sigue, dejo ingrata;
constante adoro a quien mi amor maltrata;
maltrato a quien mi amor busca constante.

Al que trato de amor hallo diamante,
y soy diamante al que de amor me trata;
triunfante quiero ver al que me mata,
y mato al que me quiere ver triunfante.

Si a este pago, padece mi deseo;
si ruego a aquél, mi pundonor enojo;
de entre ambos modos infeliz me veo.

Pero yo por mejor partido escojo,
de quien no quiero ser violento empleo,
que de quien no me quiere vil despojo.

Sor Juana Inés de la Cruz

79

CULTIVO UNA ROSA BLANCA

Cultivo una rosa blanca,
en julio como en enero,
para el amigo sincero
que me da su mano franca.

Y para el cruel que me arranca
el corazón con que vivo,
cardo ni ortiga cultivo:
cultivo una rosa blanca.

José Martí

AL CRISTO

Señor, entre las sombras voy sin tino;
la fe de mis mayores ya no vierte
su apacible fulgor en el camino:
¡mi espíritu está triste hasta la muerte!

Busco en vano una estrella que me
                              (alumbre;
busco en vano un amor que me redima;
mi divino ideal está en la cumbre,
y yo, pobre de mí, yazgo en la cima…

La lira que me diste, entre las mofas
de los mundanos, vibra sin concierto;
¡se pierden en la noche mis estrofas,
como el grito de Agar en el desierto!

Y paria de la dicha y solitario,
siento hastío de todo cuanto existe…
Yo, maestro, cual Tú, subo al Calvario,
y no tuve Tabor, cual lo tuviste…

Ten piedad de mí, dura es mi pena,
numerosas las lides en que lucho;
fija en mí tu mirada que serena,
y dame, como un tiempo a Magdalena,
la calma: ¡yo también he amado mucho!

Amado Nervo

ROMANCE DEL ROMANCERO GITANO

Fue en su Granada de Siglos
erguida en múltiples torres,
y cantada en voces altas
de cristales y de bronces.

Fue en el campo silencioso
que se abraza con el monte,
y entra en la ciudad morisca
con un delantal de flores.

Fue cuando el día naciente
suelta rojos pabellones,
y los últimos luceros
fingen lejanos faroles.

En hora larga de angustia,
oyendo los ecos dobles
que trenzaban en el viento
gemidos de corazones.

Entre saña de fusiles,
mirando hacia el horizonte,
iba, valiente y sereno,
sin doblar el cuerpo joven.

Vencedor siendo vencido.
Modernísimo San Jorge.
Arcángel de alas veloces
que en el azul presintiera
camino de resplandores.

Una descarga cerrada
arrojó, de un solo golpe,
lluvia de plomo en la entraña
donde la vida se esconde.

Y la muerte, compañera,
en su regazo le acoge,
y venda la herida obscura
con vendas que no se rompen.

Quiso el vergel ofrecerle
suave almohadilla de olores,
pero revuelo de balas
quebraba tallos temblones,
y no había clavelinas,
ni nardos, ni girasoles.

Labios gitanos gritaban
lamento de unidas voces,
y escribían en el suelo,
con sangre tibia, su nombre.

Preciosa rompió en el aire
su pandero de colores,
y su sollozo de niña
no lograba ser conforme.

Llegó Soledad Montoya
por senderos que conoce,
trayendo su Pena Negra
y un recado de los pobres.

La Casada Infiel espiaba,
desde remotos balcones,
con la espantada pupila
llena de vivos rencores.

Y una golondrina errante
lloró lágrimas salobres,
y contó la historia horrible
por el Sur y por el Norte.

Duerme el poeta en el sueño
que vuelve a los hombres dioses.
Sobre su carne gitana
ya revientan frescos brotes.

Quedan su gracia y su fuerza,
en estas horas de noche,
germinando en la oscurana
como semilla de soles.

Claudia Lars

PLEGARIA A DIOS

Ser de inmensa bondad, Dios poderoso,
a vos acudo en mi dolor vehemente,
extended vuestro brazo omnipotente,
rasgad de la calumnia el velo odioso
y arrancad este sello ignominioso
con que el mundo manchar quiere mi frente.

Rey de los reyes, Dios de mis abuelos,
vos sólo sois mi defensor, Dios mío;
todo lo puede quien al mar sombrío
olas y peces dio, luz a los cielos,
fuego al sol, giro al aire, al norte, hielos,
vida a las plantas, movimiento al río.

Todo lo podéis vos... todo fenece
o se reanima a vuestra voz sagrada:
fuera de vos, Señor, el todo es nada,
que en la insondable eternidad perece,
y aun esa misma nada os obedece
pues de ella fue la humanidad creada.

Yo no os puedo engañar, Dios de
(clemencia.
Y pues vuestra eterna sabiduría
ve al través de mi cuerpo el alma mía
cual del aire la clara transparencia,
estorbad que humillando la inocencia
bata a sus palmas la calumnia impía.

Mas si cuadra a tu suma omnipotencia
que yo perezca cual malvado impío,
y que los hombres mi cadáver frío
ultrajen con maligna complacencia,
suene tu voz y acabe mi existencia…

¡Cúmplase en mí tu voluntad, Dios mío…!

Gabriel de la C. Valdés

TIERRA MOJADA

Tierra mojada de las tardes líquidas
en que la lluvia cuchichea
y en que se reblandecen las señoritas, bajo
el redoble del agua en la azotea...

Tierra mojada de las tardes olfativas
en que un afán misántropo remonta las
                                                    (lascivas
soledades del éter, y en ellas se desposa
con la ulterior paloma de Noé;
mientras se obstina el tableteo
del rayo, por la nube cenagosa...

Tarde mojada, de hábitos labriegos,
en la cual reconozco estar hecho de barro,
porque en sus llantos veraniegos,
bajo el auspicio de la media luz,
el alma se licúa sobre los clavos
de su cruz...

Tardes en que el teléfono pregunta
por consabidas náyades arteras,
que salen del baño al amor
a volcar en el lecho las fatuas cabelleras
y a balbucir, con alevosía y con ventaja,
húmedos y anhelantes monosílabos,
según que la llovizna acosa las vidrieras...

Tardes como una alcoba submarina
con su lecho y su tina;
tardes en que envejece una doncella
ante el brasero exhausto de su casa,
esperando a un galán que le lleve una brasa;
tardes en que descienden
los ángeles, a arar surcos derechos
en edificantes barbechos;
tardes de rogativa y de cirio pascual;
tardes en que el chubasco
me induce a enardecer a cada una
de las doncellas frígidas con la brasa
                              (oportuna;
tardes en que, oxidada
la voluntad, me siento
acólito del alcanfor,
un poco pez espada
y un poco San Isidro Labrador...

Ramón López Velarde

RETO

Si porque a tus plantas ruedo
como un ilota rendido,
y una mirada te pido
con temor, casi con miedo,
si porque ante ti me quedo
extático de emoción,
piensas que mi corazón
se va en mi pecho a romper
y que por siempre he de ser
esclavo de mi pasión;
¡te equivocas, te equivocas!
fresco y fragante capullo,
yo quebrantaré tu orgullo
como el minero las rocas.

Si a la lucha me provocas,
dispuesto estoy a luchar;
tú eres espuma, yo mar
que en tus cóleras confía;

me haces llorar, pero un día
yo también te haré llorar.
Y entonces, cuando rendida
ofrezcas toda tu vida,
perdón pidiendo a mis pies,
como mi cólera es
infinita en sus excesos,
¿sabes lo que haría en esos
momentos de indignación?
¡Arrancarte el corazón
para comérmelo a besos!

Julio Flórez

LOS TRES LADRONES

Época fue de grandes redenciones
al mundo de dolor estaba henchido
y en el Gólgota, en sombras convertido,
se hallaban en sus cruces tres ladrones.

A un lado, en espantosas contorsiones
se encontraba un ratero empedernido,
en el otro, un ladrón arrepentido,
y en el medio, el robador de corazones.

De luto se cubrió la vasta esfera:
Gestas, el malo se retuerce y gime;
Dimas, el bueno, en su dolor espera.

Y el otro, el de la luenga cabellera,
que sufre, que perdona y que redime,
¡se robó al fin la humanidad entera!

Enrique Álvarez Henao

LA BARCA MILAGROSA

Preparadme una barca como un gran
(pensamiento…
la llamarán "La Sombra" unos; otros, "La Estrella".
¡No ha de estar al capricho de una mano o de un
(viento!
¡Yo la quiero consciente, indomable y bella!

¡La moverá el gran ritmo de un corazón sangriento
de vida sobrehumana; he de sentirme en ella
fuerte como en los brazos de Dios! ¡En todo viento,
en todo mar, templadme su proa de centella!

La cargaré de toda mi tristeza y, sin rumbo,
iré como la rota corola de un nelumbo,
por sobre el horizonte líquido de la mar…

Barca, alma hermana: ¿hacia qué tierras nunca
(vistas,
de hondas revelaciones, de cosas imprevistas
iremos…? Yo ya muero de vivir y soñar…

Delmira Agustini

SONETO

Habréis de conocer que estuve vivo
por una sombra que tendrá mi frente.
Sólo en mi frente la inquietud presente
que hoy guardo en mí, de mi dolor cautivo.

Blanca la faz, sin el ardor lascivo,
sin el ensueño prendiéndose a la mente.
Ya sobre mí, callado eternamente,
la rosa de papel y el verde olivo.

Qué sueño sin ensueños torcedores,
abierta el alma a trémulas caricias
y sobre el corazón fijas las manos.

Qué lejana la voz de los amores.
Con qué sabor la boca a las delicias
de todos los serenos océanos.

Eugenio Florit

94

DÉCIMAS A DIOS

I

Dios, invención admirable,
hecha de ansiedad humana
y de esencia tan arcana,
que se vuelve impenetrable.
¿Por qué no eres Tú palpable
para el soberbio que vio?
¿Por qué me dices que no
cuando te pido que vengas?
Dios mío, no te detengas,
o ¿quieres que vaya yo?

VII

No te veo en las estrellas
ni te descubro en las rosas;
no estás en todas las cosas,
son invisibles tus huellas;
pero no, que aquí descuellas,

aquí, en la tortura mía,
en la estéril agonía
de conocer mi impotencia…
¡Allí nace tu presencia
y muere en mi mente fría!

XI

No al que me enseñaron, no.
Al eterno inalcanzable,
al oculto inevitable,
al lejano, busco yo.
Al que mi ser inventó,
mi ser lleno de pasiones,
de turbias complicaciones
y rotunda vanidad.
Ser que busca la verdad
y sólo halla negaciones.

XXIX

No, no es después de la muerte,
cuando eres, Dios necesario;
es en el infierno diario
cuando es milagro tenerte.
Y aunque no es posible verte
ni tu voz se logra oír,
¡qué alucinación sentir
que en la propia sangre habitas,
y en el corazón palpitas,
mientras él puede latir!

XXXIII

Si es que me estás escuchando
respóndeme y dí que sientes
cuando en mis noches candentes
la angustia me está abrasando.
Sabes que vivo pensando;
así quisiste crearme.
¿Lo hiciste por castigarme?
¿de qué?, o ¿fue impotencia
tuya, el darme esta conciencia
que tanto habría de dañarme?

Guadalupe Amor

MUERTE SIN FIN

FRAGMENTOS

I

Lleno de mí, sitiado en mi epidermis,
por un dios inasible que me ahoga,
mentido acaso
por su radiante atmósfera de luces
que oculta mi conciencia derramada,
mis alas rotas en esquirlas de aire,
mi torpe andar a tientas por el lodo;
lleno de mí —ahíto— me descubro
en la imagen atónita del agua,
que tan sólo es un tumbo inmarcesible,
un desplome de ángeles caídos
a la delicia intacta de su peso,
que nada tiene
sino la cara en blanco,
hundida a medias, ya, como una risa
                              (agónica,
en las tenues holandas de la nube

y en los funestos cánticos del mar
—más resabio de sal o albor de cúmulo
que sola prisa de acosada espuma.
No obstante —oh paradoja— constreñida
por el rigor del vaso que la aclara,
el agua toma forma.
En él se asienta, ahonda y edifica,
cumple una edad amarga de silencios
y un reposo gentil de muerte niña,
sonriente, que desflora
un más allá de pájaros
en desbandada.
En la red de cristal que la estrangula,
allí, como en el agua de un espejo,
se reconoce;
atada allí, gota con gota,
marchito el tropo de espuma en la garganta,
¡qué desnudez de agua tan intensa,
qué agua tan agua,
está en su orbe tornasol soñando,
cantando ya una sed de hielo justo!
¡Más qué vaso —también— más providente
éste que así se hinche
como una estrella en grano,
que así, en heroica promisión, se enciende
como un seno habitado por la dicha,
y rinde así, puntual,
una rotunda flor
de transparencia al agua,
un ojo proyectil que cobra alturas
y una ventana a gritos luminosos

sobre esa libertad enardecida
que se agobia de cándidas prisiones!

IV

¡Oh inteligencia, soledad en llamas,
que todo lo concibe sin crearlo!
Finge el calor del lodo,
su emoción de substancia adolorida,
el iracundo amor que lo embellece
y lo encumbra más allá de las alas
a donde sólo el ritmo
de los luceros llora,
mas no le infunde el soplo que lo pone
(en pie
y permanece recreándose en sí misma,
única en Él, inmaculada, sola en Él,
reticencia indecible,
amoroso temor de la materia,
angélico egoísmo que se escapa
como un grito de júbilo sobre la muerte
—¡oh inteligencia, páramo de espejos!—
helada emanación de rosas pétreas
en la cumbre de un tiempo paralítico;
pulso sellado;
como una red de arterias temblorosas
hermético sistema de eslabones
que apenas se apresura o se retarda
según la intensidad de su deleite;
abstinencia angustiosa
que presume el dolor y no lo crea,

que escucha ya en la estepa de sus
                              (tímpanos
retumbar el gemido del lenguaje
y no lo emite;
que nada más absorbe las esencias
y se mantiene así, rencor sañudo,
una, exquisita, con su dios estéril,
sin alzar entre ambos
la sorda pesadumbre de la carne,
sin admitir en su unidad perfecta
el escarnio brutal de esa discordia
que nutren vida y muerte inconciliables,
siguiéndose una a otra
como el día y la noche,
una y otra acampanadas en la célula
como en un tardo tiempo de crepúsculo,
ay, una nada más, estéril, agria,
con Él, conmigo, con nosotros tres:
como el vaso y el agua, sólo una
que reconcentra su silencio blanco
en la orilla letal de la palabra
y en la inminencia misma de la sangre.
     ¡ALELUYA, ALELUYA!

IX

    En la red de cristal que la estrangula,
el agua toma forma,
la bebe, sí, en el módulo del vaso,
para que éste también se transfigure
con el temblor del agua estrangulada

que sigue allí, sin voz, marcando el pulso
glacial de la corriente.
Pero el vaso
—a su vez—
cede a la informe condición del agua
a fin de que —a su vez— la forma
                                    (misma,
la forma en sí, que está en el duro vaso
sosteniendo el rencor de su dureza
y está en el agua de aguijada espuma
como presagio cierto de reposo,
se pueda sustraer al vaso de agua;
un instante, no más
no más que el mínimo
perpetuo instante del quebranto,
cuando la forma en sí, la pura forma,
se abandona al designio de su muerte
y se deja arrastrar, nubes arriba,
para ese atormentado remolino
en que los seres todos se repliegan
hacia el sopor primero,
a construir el escenario de la nada.
Las estrellas entonces ennegrecen.
Han vuelto el dardo insomne
a la noche perfecta de su aljaba.

X

¡Tan-Tan! ¿Quién es? Es el Diablo,
es una espesa fatiga,
un ansia de trasponer

estas lindes enemigas,
este morir incesante,
tenaz, esta muerte viva,
¡oh Dios! que te está matando
en tus hechuras estrictas,
en las rosas y en las piedras,
en las estrellas ariscas
y en la carne que se gasta
como una hoguera encendida,
por el canto, por el sueño,
por el color de la vista.

¡Tan-Tan! ¿Quién es? Es el Diablo,
ay, una ciega alegría,
un hambre de consumir
el aire que se respira,
la boca, el ojo, la mano;
estas pungentes cosquillas
de disfrutarnos enteros
en solo un golpe de risa,
ay, esta muerte insultante,
procaz, que nos asesina
a distancia, desde el gusto
que tomamos en morirla,
por una taza de té,
por una apenas caricia.

¡Tan-Tan! ¿Quién es? Es el Diablo,
es una muerte de hormigas
incansables, que pululan,
¡oh Dios! sobre tus astillas;

que acaso te han muerto allá,
siglos de edades arriba,
sin advertirlo nosotros,
migajas, borra, cenizas
de ti, que sigues presente
como una estrella mentida
por su sola luz, por una
luz sin estrella, vacía,
que llega al mundo escondiendo
su catástrofe infinita.

BAILE

Desde mis ojos insomnes
mi muerte me está acechando,
me acecha, sí, me enamora
con su ojo lánguido.
¡Anda, putilla del rubor helado,
anda, vámonos al diablo!

José Gorostiza

MIS ENLUTADAS

Descienden taciturnas las tristezas
al fondo de mi alma,
y entumecidas, haraposas brujas,
con uñas negras
mi vida escarban.

De sangre es el color de sus pupilas,
de nieve son sus lágrimas;
hondo pavor infunden...; yo las amo
por ser las solas
que me acompañan.

Aguárdolas ansioso, si el trabajo
de ellas me separa,
y búscolas en medio del bullicio,
y son constantes
y nunca tardan.

En las fiestas, a ratos, se me pierden
o se ponen la máscara.

Pero luego las hallo, y así dicen:
—¡Ven con nosotras!
¡Vamos a casa!

Suelen dejarme cuando sonriendo
mis pobres esperanzas
como enfermitas, ya convalecientes,
salen alegres
a la ventana.

Corridas huyen, pero vuelven luego,
y por la puerta falsa
entran trayendo como un nuevo huésped
alguna triste,
lívida hermana.

Ábrese a recibirlas la infinita
tiniebla de mi alma,
y van perdiendo en ella mis recuerdos,
cual tristes cirios
de cera pálida.

Entre esas luces, rígido, tendido,
mi espíritu descansa:
y las tristezas, revolando en torno,
lentas salmodias
rezan y cantan.

Escudriñan del húmedo aposento
rincones covachas,
el escondrijo do guardé, cuitado,
todas mis culpas,
todas mis faltas.

Y hurgando mudas, como hambrientas
(lobas,
las encuentran, las sacan,
y volviendo a mi lecho mortuorio
me las enseñan
y dicen: —Habla.

En lo profundo de mi ser bucean,
pescadoras de lágrimas,
y vuelven mudas con las negras conchas
en donde brillan
gotas heladas.

A veces me revuelvo contra ellas
y las muerdo con rabia,
como la niña desvalida y mártir
muerde a la arpía
que la maltrata.

Pero en seguida, viéndose impotente,
mi cólera se aplaca;
¡Qué culpa tienen, pobres hijas mías,
si yo las hice
con sangre y alma!

Venid, tristezas de pupila turbia;
venid, mis enlutadas,
las que viajáis por la infinita sombra
donde está todo
lo que se ama.

Vosotras no engañáis; venid, tristezas,
¡oh mis criaturas blancas,
abandonadas por la madre impía,
tan embustera,
por la esperanza!

Venid y habladme de las cosas idas,
de las tumbas que callan,
de muertos buenos y de ingratos vivos.
Voy con vosotras.
Vamos a casa.

Manuel Gutiérrez Nájera

LOS SONETOS DE LA MUERTE

I

Del nicho helado en que los hombres te pusieron,
te bajaré a la tierra humilde y soleada.
Que he de morirme en ella los hombres no supieron,
y que hemos de soñar sobre la misma almohada.

Te acostaré en la tierra soleada con una
dulcedumbre de madre para el hijo dormido,
y la tierra ha de hacerse suavidades de cuna
al recibir tu cuerpo de niño dolorido.

Luego iré espolvoreando tierra y polvo de rosas
y en la azulada y leve polvareda de luna,
los despojos livianos irán quedando presos.

Me alejaré cantando mis venganzas hermosas,
¡porque a ese hondor recóndito la mano de ninguna
bajará a disputarme tu puñado de huesos!

109

II

Este largo cansancio se hará mayor un día,
y el alma dirá al cuerpo que no quiere seguir
arrastrando su masa por la rosada vía,
por donde van los hombres, contentos de vivir...

Sentirás que a tu lado cavan briosamente,
que otra dormida llega a la quieta ciudad.
Esperaré que me hayan cubierto totalmente...
¡y después hablaremos por una eternidad!

Sólo entonces sabrás el por qué no madura
para las hondas huesas tu carne todavía,
tuviste que bajar, sin fatiga, a dormir.

Se hará luz en la zona de los sinos, oscura;
sabrás que en nuestra alianza signo de astros había
y, roto el pacto enorme, tenías que morir...

III

Malas manos tomaron tu vida desde el día
en que, a una señal de astros, dejara su plantel
nevado de azucenas. En gozo florecía.
Malas manos entraron trágicamente en él...

Y yo dije al Señor: —"Por las sendas mortales
le llevan. ¡Sombra amada que no saben guiar!
¡Arráncalo, Señor, a esas manos fatales
o le hundes en el largo sueño que sabes dar!

110

¡No le puedo gritar, no le puedo seguir!
Su barca empuja un negro viento de tempestad.
Retórnalo a mis brazos o le siegas en flor".

Se detuvo la barca rosa de su vivir…
¿Que no sé del amor, que no tuve piedad?
¡Tú, que vas a juzgarme, lo comprendes, Señor!

Gabriela Mistral

ROMANCE

Cambiaba, a cada momento
de color y de tristeza,
y en jugar a los reflejos
se le iba la existencia,
como el niño que, en el mar,
quiere pescar una estrella
y no la puede tocar
porque su mano la quiebra.

De noche, cuando cantaba,
olía su cabellera
a luz, como un despertar
de pájaros en la selva;
y si cantaba en el sol
se hacía su voz tan lenta,
tan íntima, tan opaca,

que apenas iluminaba
el sitio que, entre la hierba,

alumbraba al amanecer
el brillo de una luciérnaga.

¡Era de noche tan rubia
y de día tan morena!

Suspiraba sin razón
en lo mejor de las fiestas
y puesta frente a la dicha
se equivocaba de puerta.
Entre el oro de la mies
y el oro de la hoja seca
nunca se atrevió a escoger.
La quise sin comprenderla

porque de noche era rubia
y de día era morena.

Jaime Torres Bodet

LA NOCHE ES
UNA MUJER DESCONOCIDA

Preguntó la muchacha al forastero:
—¿Por qué no pasas? En mi hogar
está encendido el fuego.

Contestó el peregrino: —Soy poeta,
sólo deseo conocer la noche.

Ella, entonces, echó cenizas sobre el fuego
y aproximó en la sombra su voz al forastero:
—¡Tócame! —dijo—. ¡Conocerás la noche!

Pablo Antonio Cuadra

ES PARA USTEDES

Es para ustedes que escribiré,
niños de ombligos prominentes,
para ustedes que lloran a lo largo del día
al borde de los charcos
y que sólo tienen como juguetes
los objetos podridos, sucios,
y como amigos las ranas
del borde de los charcos estancados.

Sólo escribiré para ustedes:
¿qué valor tendrían mis palabras
si permaneciera indiferente
a su dolor
a sus rostros que nunca,
nunca reflejan la alegría,
a sus manos siempre manchadas
por la mugre de los charcos estancados?

Es para ustedes que escribiré,
para ustedes que conocen desde la cuna

115

una riña continua de las entrañas
siempre vacías.

No escribiré simplemente para ellos
sino que pondré en sus manos
la pluma y la espada
así subirán y dirán las grandes verdades
y aún tendrán el fervor
de subir al asalto
de todos aquellos bastiones
en cuya sombra
se levanta miserablemente
el andamio de su existencia.

Niños de vientres siempre en rebelión,
ustedes que viven
al borde de las lagunas encantadas
con unas caras sin sonrisas
y unas manos nunca limpias
yo les enseñaré
que hay hombres que comen más que su
                                        (hambre.

Niños de ombligos prominentes
de caras sin felicidad
de manos nunca limpias
yo les enseñaré también
que todas las aguas no están
mezcladas con el lodo.

Michel Durand

LA PREFERIDA

Las sombras agrupadas cubrían la ribera,
crepuscular, inmóvil en su bruñido escudo,
la fúnebre laguna. El cielo opaco y mudo.
Y el pavoroso y largo silencio de la espera,
sin erizar las aguas con espumosos flecos,
sin violentar el aire, sin despertar los ecos,
en su batel mortuorio llegó Caronte. —"Arriba"
estremeció su grito glacial total la riba.

Las sombras asaltaron la embarcación. Llenóla,
como se colma un vaso pequeño, el primer grupo.
Del numeroso resto de almas que no cupo
quedaba en ella sitio no más para una sola.

Caronte, con un remo regulador en alto
detuvo amenazante y enérgico el asalto.
—Decid —habló el barquero postrer— decid los
                              (méritos
que en este trance os pueden lograr mi preferencia.
Las sombras disputaron su póstuma excelencia
enumerando a coro sus títulos pretéritos.

Como el rumor confuso llenaba la laguna
les ordenó Caronte que hablaran una a una.
Adelántose y dijo la primera: —Señor:
merece el epitafio de Esquilo mi valor.
Soldado fui. Los hombres temieron mi bravura,
impenetrable y noble metal de mi armadura.

Dijo otra sombra: —He sido para los campos
                                        (yermos
simiente bendecida de rosas y azucenas;
yo repartí mis bienes, Señor, a manos llenas;
me sorprendió la muerte curando a los enfermos.
Y una tercera exclamó: —Yo fui monarca…
Y otra: —De mis cinceles perdurará el milagro…
Y otra más: —Fui poeta genial, ignoto y magro…
Caronte, ya impaciente, movíase en la barca.

Y entonces una sombra más leve que las huellas
de un sueño, una liviana trémula sombra de ave
tan incorpórea y diáfana, tan ideal y suave
que entre las sombras era como una sombra de
                                        (ellas;
se dirigió al barquero tímidamente. —¡Habla!—
gritó Caronte haciendo temblar su vieja tabla.
Cual si la sombra fuera a disolverse en llanto
igual que una inefable, pequeña, frágil nube,
dijo con voz humilde: —¡Señor, he amado tanto!
Y decidió Caronte sencillamente: —¡Sube!

Rafael A. Arrieta

118

SUAVE PATRIA

PROEMIO

Yo que sólo canté de la exquisita
partitura del íntimo decoro,
alzo hoy la voz a la mitad del foro
a la manera del tenor que imita
la gutural modulación del bajo,
para cortar a la epopeya un gajo.

Navegaré por las olas civiles
con remos que no pesan, porque van
como los brazos del correo Chuan
que remaba la Mancha con fusiles.

Diré con una épica sordina:
la Patria es impecable y diamantina.

Suave Patria: permite que te envuelva
en la más honda música de selva

119

con que me modelaste por entero
al golpe cadencioso de las hachas,
entre risas y gritos de muchachas
y pájaros de oficio carpintero.

PRIMER ACTO

Patria: tu superficie es el maíz,
tus minas el palacio del Rey de Oros,
y tu cielo las garzas en desliz
y el relámpago verde de los loros.

El Niño Dios te escrituró un establo
y los veneros de petróleo el diablo.

Sobre tu Capital, cada hora vuela
ojerosa y pintada, en carretela;
y en tu provincia, del reloj en vela
que rondan los palomos colipavos,
las campanadas caen como centavos.

Patria: tu mutilado territorio
se viste de percal y de abalorio.
Suave Patria: tu casa todavía
es tan grande, que el tren va por la vía
como aguinaldo de juguetería.

Y en el barullo de las estaciones,
con tu mirada de mestiza, pones
la inmensidad sobre los corazones.

¿Quién, en la noche que asusta a la
(rana,
no miró, antes de saber del vicio,
del brazo de su novia, la galana
pólvora de los fuegos de artificio?

Suave Patria: en tu tórrido festín
luces policromías de delfín,
y con tu pelo rubio se desposa
el alma, equilibrista chuparrosa,
y a tus dos trenzas de tabaco, sabe
ofrendar aguamiel toda mi briosa
raza de bailadores de jarabe.

Tu barro suena a plata, y en tu puño
su sonora miseria es alcancía;
y por las madrugadas del terruño,
en calles como espejos, se vacía
el santo olor de la panadería.

Cuando nacemos, nos regalas notas;
después, un paraíso de compotas,
y luego te regalas toda entera,
suave Patria, alacena y pajarera.

Al triste y al feliz dices que sí,
que en tu lengua de amor prueban de ti
la picadura del ajonjolí.

¡Y tu cielo nupcial, que cuando truena
de deleites frenéticos nos llena!

Trueno de nuestras nubes, que nos baña
de locura, enloquece a la montaña,
requiebra a la mujer, sana al lunático,
incorpora a los muertos, pide el Viático,
y al fin derrumba las madererías
de Dios, sobre las tierras labrantías.

Trueno del temporal: oigo en tus quejas
crujir los esqueletos en parejas;
oigo lo que se fue, lo que aún no toco,
y la hora actual con su vientre de coco.
Y oigo en el brinco de tu ida y venida,
¡oh, trueno!, la ruleta de mi vida.

INTERMEDIO

(CUAUHTÉMOC)

Joven abuelo: escúchame loarte,
único héroe a la altura del arte.

Anacrónicamente, absurdamente,
a tu nopal inclínase el rosal;
al idioma del blanco, tú lo imantas
y es surtidor de católica fuente
que de responsos llena el victorial
zócalo de ceniza de tus plantas.

No como a César el rubor patricio
te cubre el rostro en medio del suplicio;
tu cabeza desnuda se nos queda,
hemisféricamente, de moneda.

122

Moneda espiritual en que se
(fragua
todo lo que sufriste: la piragua
prisionera, el azoro de tus crías,
el sollozar de tus mitologías,
la Malinche, los ídolos a nado,
y por encima, haberte desatado
del pecho curvo de la emperatriz
como del pecho de una codorniz.

Segundo Acto

Suave Patria: tú vales por el río
de las virtudes de tu mujerío.
Tus hijas atraviesan como hadas,
o destilando un invisible alcohol,
vestidas con las redes de tu sol,
cruzan como botellas alambradas.

Suave Patria: te amo no cual mito,
sino por tu verdad de pan bendito,
como a niña que se asoma por la reja
con la blusa corrida hasta la oreja
y la falda bajada hasta el huesito.

Inaccesible al deshonor, floreces;
creeré en ti mientras una mexicana
en su tápalo lleve los dobleces
de la tienda, a las seis de la mañana,
y al estrenar su lujo, quede lleno
el país, del aroma del estreno.

123

Como la sota moza, Patria mía,
en piso de metal, vives al día,
de milagros, como la lotería.

Tu imagen, el Palacio Nacional,
con tu misma grandeza y con tu igual
estatura de niño y de dedal.

Te dará, frente al hambre y al obús,
un higo San Felipe de Jesús.

Suave Patria, vendedora de chía:
quiero raptarte en la cuaresma opaca,
sobre un garañón, y con matraca,
y entre los tiros de la policía.

Tus entrañas no niegan un asilo
para el ave que el párvulo sepulta
en una caja de carretes de hilo,
y nuestra juventud, llorando, oculta
dentro de ti, el cadáver hecho poma
de aves que hablan nuestro mismo idioma.

Si me ahogo en tus julios, a mí baja
desde el vergel de tu peinado denso
frescura de rebozo y de tinaja:
y si tirito, dejas que me arrope
en tu respiración azul de incienso
y en tus carnosos labios de rompope.

Por tu balcón de palmas bendecidas
el Domingo de Ramos, yo desfilo
lleno de sombra, porque tú trepidas.

Quieren morir tu ánima y tu estilo,
cual muriéndose van las cantadoras
que en las ferias, con el bravío pecho
empitonando la camisa, han hecho
la lujuria y el ritmo de las horas.

Patria, te doy de tu dicha la clave:
sé siempre igual, fiel a tu espejo diario;
cincuenta veces es igual al ave
taladrada en el hilo del rosario,
y es más feliz que tú, Patria suave.

Sé igual y fiel; pupilas de abandono;
sedienta voz, la trigarante faja
en tus pechugas al vapor; y un trono
a la intemperie, cual una sonaja:
la carreta alegórica de paja.

Ramón López Velarde

DESPECHO

¡Ah, que estoy cansada! Me he reído tanto,
tanto, que a mis ojos ha asomado el llanto;
tanto, que este rictus que contrae mi boca
es un rastro extraño de mi risa loca.

Tanto, que esta intensa palidez que tengo
(como en los retratos de viejo abolengo)
es por la fatiga de la loca risa
que en todos mis nervios su sopor desliza.

¡Ah, que estoy cansada! Déjame que duerma,
pues, como la angustia, la alegría enferma.
¡Qué rara ocurrencia decir que estoy triste!
¿Cuándo más alegre que ahora me viste?

¡Mentira! No tengo ni dudas ni celos,
ni inquietud, ni angustias, ni penas, ni anhelos.
Si brilla en mis ojos la humedad del llanto,
es por el esfuerzo de reírme tanto.

Juana de Ibarbourou

LA CAMPANA

¿Qué te dice mi voz a la primera
luz auroral? "La muerte está vencida,
ya en todo se oye palpitar la vida,
ya el surco abierto la simiente espera".

Y de la tarde en la hora postrimera;
"Descansa ya. La lumbre está encendida
en el hogar…" Y siempre te convida
mi acento a la oración en donde quiera.

Convoco a la plegaria a los vivientes,
plaño a los muertos con el triste y hondo
son de sollozo en que mi duelo explayo.

Y, al tremendo tronar de los torrentes
en pavorosa tempestad, respondo
con férrea voz que despedaza el rayo.

Manuel José Othón

LA MIMOSITA

Ojos de gacela de la Mimosita,
rizos de azabache de la Mimosita,
manos nacaradas de la Mimosita,
¿en dónde ahora están?

Los alegres cantos, voces de la aurora,
los dulces arrullos con que a veces llora,
¿qué oídos ahora
los escucharán?

Las vecinas cuentan que se fue muy lejos;
que vendrá muy pronto; que no volverá.
La humilde casita de los muebles viejos
con una herradura clausurada.
¡Misterio! ¿Qué habrá?

Las vecinas cuentan que se fue muy lejos;
que reía alegre; que llorando va.

Una vieja fea que se dice su tía,
con ella, sin duda, cual antes irá.

Pobre Mimosita; de tal compañía,
¿qué mano piadosa la defenderá?
Nadie lo verá.

Y esa vieja fea que se dice tía
a buenos lugares no la llevará.
¡Qué recuerdo! Un hombre de mirada aviesa
rondaba su casa un mes hace ya.

Ella le temía; su boca de fresa
así me lo dijo cuando estuve allá.
¿Vendrá? ¿No vendrá?

Sin duda aquel hombre de mirada aviesa
la llevó robada y no volverá.
Era rico el hombre: cadenas, sortijas
lucía con aires de fastuosidad.

Y dicen que hay madres que venden sus
                              (hijas,
y hombres que las compran en tan tierna edad.
¡Qué perversidad!

Era rico el hombre: cadenas, sortijas
habrán sido el precio de su castidad.
Ojos de gacela de la Mimosita,
rizos de azabache de la Mimosita,
manos nacaradas de la Mimosita,
no os quiero evocar.

Lejos de su dulce voz arrulladora,
¿quién sabe si ríe, quién sabe si llora?
Mejor es ahora
su historia olvidar.

Julio Vicuña Cifuentes

ARTE POÉTICA

Entre sombra y espacio, entre guarniciones y
                              (doncellas,
dotado de corazón singular y sueños funestos,
precipitadamente pálido, marchito en la frente,
y con luto de viudo furioso por cada día de mi vida,
ay, para cada agua invisible que bebo soñolientamente
y de todo sonido que acojo temblando,
tengo la misma sed ausente y la misma fiebre fría,
un oído que nace, una angustia indirecta,
como si llegaran ladrones o fantasmas,
y en una cáscara de extensión fija y profunda,
como un camarero humillado, como una campana un
                              (poco ronca,
como un espejo viejo, como un olor de casa sola,
en la que los huéspedes entran de noche perdidamente
                              (ebrios,
y hay un olor de ropa tirada al suelo, y una ausencia de
                              (flores,
—posiblemente de otro modo aun menos melancólico—,

pero, la verdad, de pronto, el viento que azota mi
(pecho,
las noches de sustancia infinita caídas en mi
(dormitorio,
el ruido de un día que arde con sacrificio
me piden lo profético que hay en mí, como melancolía
y un golpe de objetos que llaman sin ser respondidos
hay, y un movimiento sin tregua, y un nombre confuso.

Pablo Neruda

IDILIO ETERNO

Ruge el mar, y se encrespa y se agiganta
la luna, ave de luz, prepara el vuelo;
y en el momento en que la luz levanta,
da un beso al mar, y se remonta al cielo.

Y aquel, monstruo indomable, que respira
tempestades, y sube, y baja, y crece,
al sentir aquel ósculo suspira…
¡y en su cárcel de rocas se estremece!

Hace siglos de siglos, que, de lejos,
tiemblan de amor en noches estivales;
ella le da sus límpidos reflejos,
él le ofrece sus perlas y corales.

Con orgullo se expresan sus amores
estos viejos amantes afligidos;
ella dice "¡te quiero!" en sus fulgores,
y él prorrumpe "¡te adoro!" en sus rugidos.

Ella lo aduerme en su lumbre pura,
y el mar la arrulla con su eterno grito,
y le cuenta su afán y su amargura,
con una voz que truena en lo infinito.

Ella, pálida y triste, lo oye y sube,
le habla de amor en el celeste idioma,
y, volando la faz tras de la nube,
le oculta el duelo que a su frente asoma.

Comprende que su amor es imposible;
que al mar la acopia en su convulso seno,
y se contempla en el cristal movible
del monstruo azul donde retumba el trueno.

Y al descender tras de la sierra fría,
le grita el mar: "¡En tu fulgor me abraso!
¡No desciendas tan pronto estrella mía!
¡Estrella de mi amor, detén el paso!

¡Un instante!... ¡Mitiga mi amargura,
ya que en tu lumbre sideral me bañas!
¡No te alejes!... ¿No ves tu imagen pura
brillar en el azul de mis entrañas?"

Y ella exclama, en su loco desvarío;
"¡Por doquiera la muerte me circunda!
¡Detenerme no pudo, monstruo mío!
¡Complace a tu pobre moribunda!

¡Mi último beso de pasión te envío;
mi postrer lampo a tu semblante junto!"...

Y en las hondas tinieblas del vacío,
hecha cadáver, se desploma al punto.

Y luego el mar, de un polo al otro polo,
al encrespar sus olas plañideras,
inmenso, triste, desvalido y solo,
cubre con sus sollozos las riberas.

Y al contemplar los luminosos rastros
del alba luna en el oscuro velo
tiemblan, de envidia y de dolor, los astros
en la profunda soledad del cielo.

¡Todo calla!... ¡El mar no importuna
con sus salvajes gritos de reproche,
y sueña que se besa con la luna,
en el tálamo negro de la noche!

Julio Flórez

ORACIÓN

Tiempo que vas pasando como un río
junto al árbol tenaz de la ribera,
linfa constante de agua pasajera:
yo soy un árbol de tu cauce umbrío.

Caen las hojas secas en las aguas,
y al dejar el nostálgico ramaje,
se van para un quimérico viaje
con el lento bogar de las piraguas.

Y al promediar la noche taciturna,
baja una estrella en medio de la fonda,
a esconder sus tesoros en la onda
como una blanca náyade nocturna.

Pasa la vida lenta, hora tras hora,
y en la noche de invierno sólo queda
un fantasma callado en la arboleda,
y en el agua una estrella tembladora.

Yo te daré todo el follaje mío,
guárdame tú hasta la hora del invierno
la fiel estrella del amor eterno,
tiempo que vas pasando como un río.

Ricardo Rojas

NOCTURNO

No tengo tiempo de mirar las cosas
como yo lo deseo.
Se me escurren sobre la mirada
y todo lo que veo
son esquinas profundas rotuladas con radio
donde leo la ciudad para no perder tiempo.

Esta obligada prisa que inexorablemente
quiere entregarme el mundo con un dato pequeño,
¡Este mirar urgente y esta voz en sonrisa
para un joven que sabe morir por cada sueño!
No tengo tiempo de mirar las cosas,
casi las adivino.

Una sabiduría ingénita y celosa
me da miradas previas y repentinos trinos.
Vivo en doradas márgenes; ignoro el central gozo

de las cosas. Desdoblo siglos de oro en mi ser.
Y acelerando rachas —quilla o ala de oro—,
repongo el dulce tiempo que nunca he de tener.

Ramón López Velarde

EL PERRO

No temas, mi señor; estoy alerta
mientras tú de la tierra te desligas
y con el sueño tu dolor mitigas,
dejando el alma a la esperanza abierta.

Vendrá la aurora y te diré: despierta,
huyeron ya las sombras enemigas.
Soy compañero fiel en tus fatigas
y celoso guardián junto a tu puerta.

Te avisaré del rondador nocturno,
del amigo traidor, del lobo fiero
que siempre anhelan encontrarme inerme.

Y, si llega con paso taciturno
la muerte, con mi aullido lastimero
también te avisaré… ¡Descansa y duerme!

Manuel José Othón

LOS HIJOS

I

Clarín recluso en el follaje, la luz del mediodía.

El amor gozaba su latido de pez en mis
(estuarios,
las piraguas izaban fulgores de banderas
y el bosque era un embate de verdor y de gritos.
Yo venía bajando por la vida y sus riscos,
siempre río que va a dar a la mar.

De pronto despuntaron a mi orilla dos tallos,
cogollos exprimidos de mis linfas revueltas,
cántaros amasados en mi volante légamo.

El que nació entre rocas se despojó de grumos,
adquirió leña del árbol, estatura de árbol.
Un sol de cal y yeso le fraguó la corteza
pero lianas de apego, chaparros de ternura,
le doblegaron las frondas hacia el rumor del agua.

El otro fue rosal. Digo rosal y digo
carmín, aroma, ámbar, aljófar y espinas.
Digo también paloma de encarcelado vuelo,
surtidor malherido por espumas indóciles,
digo mujer y digo
que mis metales rielan al reflejar su frente.

Yo venía bajando por la vida y sus riscos,
siempre río que va a dar a la mar,
y de pronto crecieron a mi orilla dos tallos,
alto verdor el uno, rosal no más el otro.
Sus savias van conmigo, sus nidos van conmigo
y a través de sus hojas miro el azul del aire.

2

Ni los amaneceres de luz turbia y barajas,
ni la almendra de Dios escondida entre libros,
ni la duda, serpiente cartesiana sin tregua,
ni el colmillo frenético del lobo, ¡hermano lobo!,
ni la sonrisa enfática del simio, ¡abuelo simio!,
ni los claros abiertos por la muerte en mis bosques,
ni las vivientes piedras de antiguas catedrales,
nada abatió mi rumbo con igual brisa. Nada
volcó en mi sangre hirviente tanta púrpura. Nada

excarceló de límites mi materia infinita,
tornó en hebra de antena mi confiada indolencia,
me cercó de temores al esguince imprevisto
del azar destructivo, de las complejas máquinas.
Nada me indujo a ser sustancia perdurable,
clamor de río que corre más allá de la muerte.

Nada me dio esta fórmula de amar sin otro
                                        (anhelo
que amar.
                        Sólo los hijos.

3

Sangre ya no es el foso jaspeado por los héroes,
ni el clavel hecho trizas que cohíbe al amor,
ni la aurora entreabierta sobre el pecho de Cristo,
ni el manantial de hormigas en la sombra del toro,
ni la huella del pájaro,
ni la armonía del hombre.

Muerte ya no es la encina plantada por los héroes,
ni la ignota galaxia constelada de arcángeles,
ni el fosco laberinto, neblinoso de arcanos,
ni la mar sempiterna donde acaban los ríos,
ni el nidal de las piedras,
ni el reposo del hombre.

Guerra ya no es la lámina bruñida por los héroes,
ni la noche cruzada por invictas banderas,
ni el jinete ululante que cabalga en el fuego,
ni el huso, doloroso tejedor de la historia,
ni el furor de los dioses,
ni el destino del hombre.

Se aprende a tener miedo.

Miguel Otero Silva

NOCTURNO

A Rosario

I

¡Pues bien! Yo necesito
　　decirte que te adoro,
decirte que te quiero
　　con todo el corazón;
que es mucho lo que sufro,
　　que es mucho lo que lloro,
que ya no puedo tanto,
　　y al grito en que te imploro,
te imploro y te hablo en nombre
　　de mi última ilusión.

II

Yo quiero que tú sepas
　　que ya hace muchos días

144

estoy enfermo y pálido
de tanto no dormir;
que ya se han muerto todas
las esperanzas mías,
que están mis noches negras,
tan negras y sombrías,
que ya no sé ni dónde
se alzaba el porvenir.

III

De noche, cuando pongo
mis sienes en la almohada
y hacia otros mundos quiero
mi espíritu volver,
camino mucho, mucho,
y al fin de la jornada
las formas de mi madre
se pierden en la nada
y tú de nuevo vuelves
en mi alma a aparecer.

IV

Comprendo que tus besos
jamás han de ser míos,
comprendo que en tus ojos
no me he de ver jamás,
y te amo y en mis locos
y ardientes desvaríos
bendigo tus desdenes,
adoro tus desvíos,
y en vez de amarte menos,

te quiero mucho más.

V

A veces pienso en darte
    mi eterna despedida,
borrarte en mis recuerdos
    y hundirte en mi pasión;
mas si es en vano todo
    y el alma no te olvida,
¿qué quieres tú que yo haga,
    pedazo de mi vida?
¿Qué quieres tú que yo haga
    con este corazón?

VI

Y luego que ya estaba
    concluido tu santuario,
la lámpara encendida,
    tu velo en el altar;
el sol de la mañana
    detrás del campanario,
chispeando las antorchas,
    humeando el incensario,
y abierta allá a lo lejos
    la puerta del hogar…

VII

¡Qué hermoso hubiera sido
    vivir bajo aquel techo,

los dos unidos siempre
    y amándonos los dos;
tú siempre enamorada,
    yo siempre satisfecho,
los dos una sola alma,
    los dos un solo pecho,
y en medio de nosotros
    mi madre como un Dios!

VIII

¡Figúrate qué hermosas
    las horas de esa vida!
¡Qué dulce y bello el viaje
    por una tierra así!
Y yo soñaba en eso,
    mi santa prometida;
y al delirar en ello
    con el alma, estremecida,
pensaba yo en ser bueno
    por ti, no más por ti.

IX

¡Bien sabe Dios que ése era
    mi más hermoso sueño,
mi afán y mi esperanza,
    mi dicha y mi placer;
bien sabe Dios que en nada
    cifraba yo mi empeño,
sino en amarte mucho

bajo el hogar risueño
que me envolvió en sus besos
cuando me vio nacer!

X

Ésa era mi esperanza...
   mas ya que a sus fulgores
se opone el hondo abismo
   que existe entre los dos,
¡adiós por la vez última,
   amor de mis amores;
la luz de mis tinieblas,
   la esencia de mis flores;
mi lira de poeta,
   mi juventud, adiós!

Manuel Acuña

QUE DESPIERTE EL LEÑADOR

FRAGMENTOS

Que despierte el leñador.
Que venga Abraham con su hacha
y con su plato de madera
a comer con los campesinos.

Que su cabeza de corteza,
sus ojos vistos en las tablas,
en las arrugas de la encina,
vuelvan a mirar el mundo
subiendo sobre los follajes,
más altos que las sequías.

Que entre a comprar en las
                        (farmacias,
que tome un autobús a Tampa,
que muerda una manzana amarilla,
que entre en un cine, que converse,
con toda la gente sencilla.

149

Que despierte el Leñador.
Que venga Abraham, que hinche
su vieja levadura la tierra
dorada y verde de Illinois
y levante el hacha en su pueblo
contra los nuevos esclavistas,
contra el látigo del esclavo,
contra el veneno de la imprenta,
contra la mercadería
sangrienta que quieren vender.

Que marchen cantando y sonriendo
el joven blanco, el joven negro
contra las paredes de oro
contra el fabricante de odio,
contra el mercader de su sangre,
cantando, sonriendo y venciendo.
Que despierte el leñador.

VI

Paz para los crepúsculos que vienen,
paz para el puente, para el vino,
paz para las letras que me buscan
y que en mi sangre suben enredando
el viejo canto con tierra y amores.

Paz para la ciudad en la mañana
cuando despierta el pan, paz para el río
Missisipi, río de las raíces,
paz para la camisa de mi hermano

paz en el libro como un sello en el aire,
paz para el gran koljoz de Kiev;
paz para las cenizas de estos muertos
y de estos otros muertos, paz para el hierro
negro de Brooklyn, paz para el cartero
de casa en casa como el día,
paz para el coreógrafo que grita
con un embudo a las enredaderas,
paz para mi mano derecha,
que sólo quiere escribir Rosario,
paz para el boliviano secreto
como una piedra de estaño, paz
para que tú te cases, paz para todos
los aserraderos de Bio-Bio,
paz para el corazón desgarrado
de España guerrillera, paz para el pequeño
                        (Museo de Wyoming
en donde lo más dulce
es una almohada con un corazón bordado
paz para el panadero y sus amores
y paz para la harina, paz
para todo el trigo que debe nacer,
para todo el amor que buscará follajes,
para todos los que viven: paz
para todas las tierras y las aguas.

Yo aquí me despido, vuelvo
a mi casa, en mis sueños,
vuelvo a la Patagonia en donde
el viento golpea los establos
y salpica hielo el océano.

Soy nada más que un poeta: os
                    (amo a todos,
ando errante por el mundo que amo;
en mi patria encarcelan marineros
y los soldados mandan a los jueces.

   Pero yo amo hasta las raíces
de mi pequeño país frío;
si tuviera que morir mil veces
allí quiero morir,
si tuviera que nacer mil veces
allí quiero nacer,
cerca de la araucaria salvaje,
del vendaval del viento sur,
de las campanas recién compradas.

   Que nadie piense en mí.
Pensemos en toda la tierra,
golpeando con amor en la mesa.
No quiero que vuelva la sangre
a empapar el pan, los frijoles,
la música: quiero que vengan
conmigo el minero, la niña,
el abogado, el marinero,
el fabricante de muñecas,
que entremos al cine y salgamos
a beber el vino más rojo.
Yo no vengo a resolver nada.
Yo vine aquí para cantar
y para que cantes conmigo.

                              Pablo Neruda

A SOLAS

Yo soy muy pobre, pero un tesoro
guardo en el fondo de mi baúl:
una cajita color de oro
que ata un brillante listón azul.
La abro ¿qué tiene?… Hojas de rosas,
secas reliquias de un viejo amor,
alas sin polvo de mariposas,
mirtos, gardenias y tuberosas;
¡muchos recuerdos en cada flor!

El amuleto que ató a mi cuello
mi santa madre cuando marché;
el blondo rizo de aquel cabello
que tantas veces acaricé.
¡Cómo me alegra la fecha escrita
en esta opaca cruz de marfil!
¡Ah, virgen mía, mi virgencita,
aquí conservo la margarita
que deshojaste pensando en mí!

¡Cuántos recuerdos del pasado!
¡Cuántas escenas miro volver!

Me siento joven y enamorado,
feliz y bueno como era ayer.
Veo mis bosques y mis colinas,
mi triste pueblo, mi pobre hogar,
y hasta el enjambre de golondrinas
que hizo su nido en las ruinas
de la parroquia de mi lugar.

Si alguna oculta pena me agobia
leo las cartas que guardo allí;
las de mi madre, las de mi novia;
dos almas buenas que ya perdí.
Sus torpes lazos mi fe desata,
y entonces oigo —¡dulce ilusión!—
cantos de ángel, música grata,
suaves preludios de serenata,
ruidos de alas en mi balcón.

Mientras su duro rigor no ablande
la suerte impía, negra y fatal,
yo no conozco dicha más grande
que la que siento con recordar.
Ser consolado: ¡qué gran anhelo!
¡Entre tinieblas soñar con luz,
pisar abrojos y ver el cielo,
sentir dolores y hallar consuelo
en las memorias de juventud!

Están ya secas las tuberosas
como está seco mi corazón,
y desteñidas las mariposas
como las alas de la ilusión.
Y sin embargo, sonrío y lloro
si miro el fondo mi gran tesoro:
una cajita color de oro
que ata un brillante listón azul.

Luis G. Urbina

COMO UNA HOJA

Desde el umbral de un verso
que no es verso,
pues no tiene cadencia
ni medida,
he dejado volar mi fantasía
y me he puesto a escribir
lo que yo siento.

Soy, como una hoja suelta,
transitando lo incierto:
voy y vengo a capricho
de ajenos sentimientos.

Pienso quedarme quieta
al borde del camino,
pero en llegando el viento
vuelvo a subir, ilusa.

Vuelve a crecer mi anhelo,
y me encuentro danzando

extraña zarabanda
al compás de mis sueños.

Yo no puedo aquietarme
mientras tenga en el cuerpo
esta alma adolescente
que acechan los recuerdos…

Yo no puedo aquietarme
mientras vibre en mi pecho
un corazón ingenuo,
pese a lo que ha sufrido.

Yo no puedo aquietarme
mientras la brisa fresca, los trinos
de las aves, el susurrar del viento
hagan temblar mi carne…

Para poder quedarme
quieta en esta ribera
tendría que no ser yo,
tendría que haberme muerto.

Ligia Bolaños

ESPEJISMO

No es un pecado amar
y yo lo he amado;
buscando su mirar,
lo he bendecido.

Y he vagado noctámbula y sumisa
en aras de su angustia que es la mía,
porque quiero con savia milagrosa,
curar la insensatez de mi agonía.

Hoy tuve un sueño raro pero hermoso,
dormía él tan feliz en mi regazo,
que me olvidé de todo cuanto existe
y no pensé en la muerte, ni en lo triste.

Un perfume sutil vertían las rosas,
trinos las aves y armonía las cosas;
había paz en la tierra esplendorosa
y en el cielo la dicha venturosa…

Yo no lloraba ya, estaba ajena
a todo sufrimiento, a toda pena,
en mi faz sonreía la primavera
y una fe de vivir por vez primera.

Iluminó el estanque cristalino,
donde el celaje extenso y vespertino,
parecía descansar sobre las aguas
y dibujar sus prismas en las ondas…

Mas todo aquello parecía vedado,
tocar no se podía y al contemplarlo;
yo quise con mis ojos retenerlo,
pero de mí aquello…, se había ido.

Quise llorar, y me faltaron lágrimas,
ellas también huyeron con lo hermoso.
Quise estar triste y me faltó reposo,
pensando siempre en mis falaces cuitas.

Un suspiro rompió aquel prefacio,
se contrajo mi alma y volví al mundo.
Y después de aquel sueño, un gris arpegio
rasgó la lozanía de aquel absurdo.

Sofía Aguirre

RASGO DE BUEN HUMOR

¿Y qué? ¿Será posible que nosotros
tanto amemos la gloria y sus fulgores
la ciencia y sus placeres,
que olvidemos por eso los amores,
y más que los amores, las mujeres?

¿Seremos tan ridículos y necios
que por no darle celos a la ciencia,
no hablemos de los ojos de Dolores,
de la dulce sonrisa de Clemencia,
y de aquélla que, tierna y seductora,
aun no hace un cuarto de hora todavía,
con su boca de aurora,
"no te vayas tan pronto", nos decía?

¿Seremos tan ingratos y tan crueles,
y tan duros y esquivos con las bellas,
que no alcemos la copa
brindando a la salud de todas ellas?

Yo, a lo menos por mí, protesto y juro
que si al irme trepando a la escalera
que a la gloria encamina,
la gloria me dijera:
—Sube, que aquí te espera
la que tanto te halaga y te fascina;
y a la vez una chica me gritara:
—Baje usted, que lo aguardo aquí en la
                                        (esquina.

    Yo juro, lo protesto y lo repito,
si sucediera semejante historia,
a riesgo de pasar por un bendito,
primero iba a la esquina que a la gloria.

    Porque será muy tonto
cambiar una corona por un beso;
mas como yo de sabio no presumo,
me atengo a lo que soy, de carne y hueso,
y prefiero los besos y no el humo,
que al fin, la gloria no es más que eso.

    Por lo demás, señores,
¿quién será aquel, en fin, que no ha sentido
con su libro de texto bajo el brazo,
no se olvidó de Lucio o de Robredo
por seguir paso a paso,
a alguna que nos hizo con el dedo
una seña de amor, así… al acaso?
¿O bien, que aprovechando la sordera

de la obesa mamá que la acompaña,
nos dice: —¡No me sigas!
porque mamá me pega y me regaña?

¿Y quién no ha consentido
en separarse del objeto amado
con tal de no mirarlo confundido?
¿Quién será aquél, en fin, que no ha sentido
latir su corazón enamorado,
y a quién, más que el café, lo ha desvelado
el café de no ser correspondido?

Al aire, pues, señores
lancemos nuestras hurras por las bellas,
por sus gracias, sus chistes, sus amores,
sus perros y sus gatos y sus flores
y cuanto tiene relación con ellas.

Al aire nuestras hurras
de las criaturas por el ser divino
por la mitad del hombre,
por el género humano femenino.

Manuel Acuña

DÉBIL DEL ALBA

El día de los desventurados, el día pálido se asoma
con un desgarrador olor frío, con sus fuerzas en gris,
sin cascabeles, goteando el alba por todas partes:
es un naufragio en el vacío, con un alrededor de llanto.

Porque se fue de tantos sitios la sombra húmeda,
                                              (callada,
de tantas cavilaciones en vano, de tantos parajes
                                              (terrestres
en donde debió ocupar hasta el designio de las raíces,
de tanta forma aguda que se defendía.

Yo lloro en medio de lo invadido, entre lo confuso,
entre el sabor creciente, poniendo el oído
en la pura circulación, en el aumento,
cediendo sin rumbo el paso a lo que arriba,
a lo que surge vestido de cadenas y claveles.
Yo sueño, sobrellevando mis vestigios morales.

Nada hay de precipitado, ni de alegre, ni de forma
                                        (orgullosa,
todo aparece haciéndose con evidente pobreza,
la luz de la tierra sale de sus párpados
no como la campanada, sino más bien como las
                                        (lágrimas:
el tejido del día, su lienzo débil,
sirve para una venda de enfermos, sirve para hacer
                                        (señas
en una despedida, detrás de la ausencia:
es el color que sólo quiere reemplazar,
cubrir, tragar, vencer, hacer distancias.

Estoy solo entre materias desvencijadas,
la lluvia cae sobre mí, y se me parece,
se me parece con su desvarío, solitaria en el mundo
                                        (muerto,
rechazada al caer, y sin forma obstinada.

Pablo Neruda

MADRE

¡Madre! Religión del alma,
diosa que por culto tiene
el amor que se mantiene
en el templo del hogar,
que sólo tiene por flores
las impresiones sagradas
que forman con sus oleadas
el incienso de su altar.

¡Madre! Sacrosanto nombre,
puro emblema de consuelo
y que encierra todo un cielo
de esperanzas y de amor.
Blanca estrella que fulgura,
en la noche de la vida,
disipando bendecida
las tinieblas del dolor.

Ángel que con blancas alas
atraviesa por el suelo,

haciendo del mundo un cielo
y del cuál vamos en pos.
Luz que alumbra con sus rayos
este abismo de dolores,
remedando los fulgores
de las sonrisas de Dios…

    ¡Ah! ¡Cómo cantar mi labio
tu grandeza sacrosanta!
¡Mi labio que sólo canta
de la vida el azahar!…
Pero no; mi labio calla,
mas ya está regenerado,
pues quedó santificado
con tu nombre pronunciar.

Manuel José Othón

DECIRES DEL INDIO QUE
BUSCABA TRIGO

Yo sé que me andas buscando
por lo que de antaño digo;
que por un grano de trigo
tus hijos están llorando.

Y me pregunto hasta cuándo
lo encontrarás, indio amigo.
E interrogándome sigo,
y me sigo interrogando.

Si por un grano de trigo
tus hijos están llorando,
seguiré siempre cantando
y sé, indio, lo que digo.

Pues mientras me andas buscando,
el trigo, el bendito trigo,

sigue indio, germinando,
en mis cantares, conmigo.

¡Con mis cantares, cantando,
trigo, indio, estoy sembrando!

Manolo Cuadra

MARCHA TRIUNFAL

¡Ya viene el cortejo!
¡Ya viene el cortejo! Ya se oyen los claros clarines.
La espada se anuncia con vivo reflejo;
ya viene, oro y hierro, el cortejo de los paladines.

Ya pasa debajo los arcos ornados de blancas
(Minervas y Martes,
los arcos triunfales en donde las famas erigen sus
(largas trompetas,
la gloria solemne de los estandartes,
llevados por manos robustas de heroicos atletas.

Se escucha el ruido que forman las armas de los
(caballeros,
los frenos que mascan los fuertes caballos de guerra,
los cascos que hieren la tierra,
y los timbaleros,
que el paso acompasan con ritmos marciales.
¡Tal pasan los fieros guerreros
debajo los arcos triunfales!

Los claros clarines de pronto levantan los sones
su canto sonoro,
su cálido coro,
que envuelve en un trono de oro
la angustia soberbia de los pabellones.

Él dice la lucha, la herida venganza,
las ásperas crines,
los rudos penachos, la pica, la lanza,
la que riega de heroicos carmines
la tierra;
los negros mastines
que azuza la muerte, que rige la guerra.

Los áureos sonidos
anuncian el advenimiento
triunfal de la gloria;
dejando el picacho que guarda sus nidos,
tendiendo sus alas enormes al viento,
los cóndores llegan. ¡Llegó la victoria!
Ya pasa el cortejo.
Señala el abuelo los héroes al niño,
—ved como la barba del viejo
los bucles de oro circundan de armiño—.
Las bellas mujeres aprestan coronas de flores,
y bajo los pórticos vense sus rostros de rosa;
y la más hermosa
sonríe al más fiero de los vencedores.
¡Honor al que trae cautiva la extraña bandera!
¡Honor al herido y honor a los fieles

soldados que muerte encontraron por mano
                                    (extranjera!
¡Clarines! ¡Laureles!
    Las nobles espadas de tiempos gloriosos
desde sus panoplias saludan las nuevas coronas y
                                    (lauros:
—las viejas espadas de los granaderos, más fuertes
                                    (que osos,
hermanos de aquellos lanceros que fueron centauros—.

    Las trompas guerreras resuenan;
de voces los aires se llenan…
A aquellas antiguas espadas,
a aquellos ilustres aceros,
que encarnan las glorias pasadas.
Y al sol que hoy alumbra las nuevas victorias ganadas.
Y al héroe que guía su grupo de jóvenes fieros;
al que ama la insignia del suelo materno;
al que ha desafiado, ceñido el acero y el arma en la
                                    (mano,
los soles del rojo verano,
las nieves y vientos del gélido invierno,
la noche, la escarcha,
y el odio y la muerte, por ser por la patria inmortal,
¡saludan con voces de bronce las trompas de guerra
                                    (que
tocan la marcha triunfal!

Rubén Darío

VERSOS DE ÁLBUM

Princesita de Cuentos de Hadas,
la gentil, la fragante, la esbelta,
¿en qué astro se abrieron tus ojos?
¿De cuál concha brotó la belleza
de tu cuerpo galante y gallardo
como línea de ánfora griega?
¿De las ondas saliste cautiva,
como búcaro fresco de perlas,
o saltaste, temblando de frío,
de la copa de blanca azucena?
¿En qué lirio labraron los genios
ese cuerpo de hada, princesa?

Cuando pasas el aire se entibia
y de aroma suave se impregna,
se estremece de amor el follaje,
palidece la nívea gardenia…
Los botones de rosa, encendidos,
en voz baja murmuran: ¡es ella!

172

¿A qué príncipe estáis prometida?
¿Qué castillo en el bosque te espera?
¿Es acaso el de torres de oro?
¿O el ebúrneo del rey de Bohemia?
¿El que tiene diamantes por gradas,
en la ancla, triunfal escalera,
o el palacio de gotas de iris,
que en sus alas los cisnes elevan?
¿Lohengrin, en rayo de luna
baja a verte cautiva, princesa?

Soñadora de dulce mirada,
de mirada profunda que sueña
y que baja del alma a lo hondo
y en lo hondo del alma se queda,
las venturas, cual blancas palomas,
revolando sumisas, te cercan,
y tu mórbido cuello acarician,
y en tus hombros de nieve aletean
… soñadora de dulce mirada.
Y de cuerpo gentil de princesa.

Manuel Gutiérrez Nájera

SONETO

Detente, sombra de mi bien esquivo,
imagen del hechizo que más quiero,
bella ilusión por quien alegre muero
dulce ficción por quien penoso vivo.

Si al imán de tus gracias atractivo
sirve mi pecho de obediente acero
¿para qué me enamoras lisonjero
si has de burlarme luego, fugitivo?

Mas blasonar no puedes satisfecho
de quien triunfa de mí tu tiranía;
que aunque dejes burlado el lazo estrecho
que tu sombra fantástica ceñía,
poco importa burlar lazos y pecho
si te labra prisión mi fantasía.

Sor Juana Inés de la Cruz

CUANDO SEPAS HALLAR
UNA SONRISA

Cuando sepas hallar una sonrisa
en la gota sutil que se rezuma
de las porosas piedras, en la bruma,
en el sol, en el ave y en la brisa;

cuando nada a tus ojos quede inerte,
ni informe, ni incoloro, ni lejano,
y penetres la vida y el arcano
del silencio, las sombras y la muerte;

cuando tiendas la vista a los diversos
rumbos del cosmos, y tu esfuerzo propio
sea como potente microscopio
que va hallando invisibles universos,

entonces en las flamas de la hoguera
de un amor infinito y sobrehumano,
como el santo de Asís, dirás hermano
al árbol, al celaje y a la fiera.

Sentirás en la inmensa muchedumbre
de seres y de cosas tu ser mismo;
serás todo pavor con el abismo
y serás todo orgullo con la cumbre.

Sacudirá tu amor el polvo infecto
que macula el blancor de la azucena,
bendecirás las márgenes de arena
y adorarás el vuelo del insecto;

y besarás el garfio del espino
y el sedeño ropaje de las dalias...
Y quitarás piadoso tus sandalias
por no herir las piedras del camino.

Enrique González Martínez

GRATIA PLENA

Todo en ella encantaba, todo en ella atraía:
su mirada, su gesto, su sonrisa, su andar...
El ingenio de Francia de su boca fluía.
Era llena de gracia como el Avemaría:
¡quién la vio no la pudo ya jamás olvidar!

Ingenua como el agua, diáfana como el día,
rubia y nevada como margaritas sin par,
al influjo de su alma celeste, amanecía...
Era llena de gracia como el Avemaría:
¡quién la vio no la pudo ya jamás olvidar!

Cierta dulce y amable dignidad la investía
de no sé qué prestigio lejano y singular.
Más que muchas princesas, princesa parecía:
Era llena de gracia como el Avemaría:
¡quién la vio no la pudo ya jamás olvidar!

Yo gocé el privilegio de encontrarla en mi vía
dolorosa: por ella tuvo fin mi anhelar,
y cadencias arcanas halló mi poesía.
Era llena de gracia como el Avemaría:
¡quien la vio no la pudo ya jamás olvidar!

¡Cuánto, cuánto la quise! Por diez años fue
                                        (mía:
¡pero flores tan bellas nunca pueden durar!
Era llena de gracia como el Avemaría:
y a la Fuente de Gracia, de donde procedía,
se volvió… ¡como gota que se vuelve a la mar!

Amado Nervo

YO SÉ QUE HA DE LLEGAR UN DÍA

Yo sé que ha de llegar un día
claro como ninguno,
y que la antigua alegría
vivirá de nuevo a su conjuro.
Yo sé que ha de llegar un día.

Yo sé que esta tristeza,
sin causa y sin objeto
—que es como un don divino—,
se alejará en secreto,
igualmente que vino.

Yo sé que en una tarde
que tendrá una tristeza insuperable,
se hará el milagro, y al llegar el día,
¡la claridad tan mía!

Yo sé que será tarde
para amar y reír.

Yo sé que el corazón al deslumbrarse
con la nueva alegría,
añorará su antigua tristeza inexpresable.

Yo sé que será tarde
mas espero ese día.

Juan Marinello

VERGÜENZA

Si tú me miras, yo me vuelvo hermosa
como la hierba a que bajó el rocío,
y desconocerán mi faz gloriosa
las altas cañas cuando baje el río.

Tengo vergüenza de mi boca triste,
de mi voz rota y mis rodillas rudas;
ahora que me miraste y que viniste,
me encontré pobre y me palpé desnuda.

Ninguna piedra en el camino hallaste
más desnuda de luz en la alborada
que esta mujer a la que levantaste,
porque oíste su canto, la mirada.

Yo callaré para que no conozcan
mi dicha los que pasan por el llano,
en el fulgor que da a mi frente tosca
y en la tremolación que hay en mi mano…

Es noche y baja la hierba el rocío;
mírame largo y habla con ternura,
¡que ya mañana, al descender al río,
la que besaste llevará hermosura!

Gabriela Mistral

CANCIÓN DE OTOÑO EN PRIMAVERA

Juventud, divino tesoro
¡ya te vas para no volver!
Cuando quiero llorar, no lloro,
y a veces lloro sin querer...

Plural ha sido la celeste
historia de mi corazón.
Era una dulce niña en este
mundo de duelo y aflicción.

Miraba como al alba pura;
sonreía como una flor.
Era su cabellera oscura,
hecha de noche y dolor.

Yo era tímido como un niño.
Ella, naturalmente, fue,
para mi amor hecho de armiño,
Herodías y Salomé...

Juventud, divino tesoro,
¡ya te vas para no volver!…
Cuando quiero llorar, no lloro,
y a veces lloro sin querer…

Y más consoladora y más
halagadora y expresiva,
la otra fue más sensitiva
cual no pensé encontrar jamás.

Pues a su continua ternura
una pasión violenta unía.
En un peplo de gasa pura
una vacante se envolvía…

En sus brazos tomó mi sueño
y lo arrulló como a un bebé…
Y le mató, triste y pequeño,
falto de luz, falto de fe…

Juventud, divino tesoro,
¡te fuiste para no volver!
Cuando quiero llorar, no lloro,
y a veces lloro sin querer…

Otra juzgó que era mi boca
el estuche de su pasión.
Y que me roería, loca,
con sus dientes el corazón,

poniendo en un amor de exceso
la mira de su voluntad,
mientras eran abrazo y beso
síntesis de la eternidad;

y de nuestra carne ligera
imaginar siempre un Edén,
sin pensar que la primavera
y la carne acaban también...

Juventud, divino tesoro,
¡ya te vas para no volver!
Cuando quiero llorar, no lloro,
¡y a veces lloro sin querer!

¡Y a los demás!, en tantos climas,
en tantas tierras siempre son,
si no pretextos de mis rimas,
fantasmas de mi corazón.

En vano busqué a la princesa
que estaba triste de esperar.
La vida es dura, amarga y pesa.
¡Ya no hay princesas que cantar!

Mas, a pesar del tiempo terco,
mi sed de amor no tiene fin;
con el cabello gris, me acerco
a los rosales del jardín...

Juventud, divino tesoro,
ya te vas para no volver...
Cuando quiero llorar, no lloro,
y a veces lloro sin querer...

¡Mas es mía el alba de oro!

Rubén Darío

LO INEFABLE

Yo muero extrañamente… No me mata la vida,
no me mata la muerte, no me mata el amor;
muero de un pensamiento mudo como una herida…

¿No habéis sentido nunca el extraño dolor
de un pensamiento inmenso que se arraiga en la vida,
devorando alma y carne, y no alcanza a dar flor?

¿Nunca llevasteis dentro una estrella dormida
que os abrasaba enteros y no daba fulgor?

¡Cumbre de los martirios…! ¡Llevar eternamente,
desgarradora y árida, la trágica simiente
clavada en las entrañas como un diente feroz…!

¡Pero arrancarla un día en una flor que abriera
milagrosa, inviolable…! ¡Ah, más grande no fuera
tener entre las manos la cabeza de Dios!

Delmira Agustini

NO PUEDO

No puedo cerrar mis puertas
ni clausurar mis ventanas:
he de salir al camino
donde el mundo gira y clama,
he de salir al camino
a ver la muerte que pasa.

He de salir a mirar
cómo crece y se derrama
sobre el planeta encogido
la desatinada raza
que quiebra su fuente y luego
llora la ausencia del agua.

He de salir a esperar
el turbón de las palabras
que sobre la tierra cruza
y en flor los cantos arrasa,
he de salir a escuchar
el fuego entre nieve y zarza.

No puedo cerrar las puertas
ni clausurar las ventanas,
el laúd en las rodillas
y de esfinges rodeada,
puliendo azules respuestas
a sus preguntas en llamas.

Mucha sangre está corriendo
de las heridas cerradas,
mucha sangre está corriendo
por el ayer y el mañana,
y un gran ruido de torrente
viene a golpear en el alba.

Salgo al camino y escucho,
salgo a ver la luz turbada;
un cruel resuello de ahogado
sobre las bocas estalla,
y contra el cielo impasible
se pierde en nubes de escarcha.

Ni en el fondo de la noche
se detiene la ola amarga,
llena de niños que suben
con la sonrisa cortada,
ni en el fondo de la noche
queda una paloma en calma.

No puedo cerrar mis puertas
ni clausurar mis ventanas.
A mi diestra mano el sueño

mueve una iracunda espada
y echa rodando a mis pies
una rosa mutilada.

Tengo los brazos caídos
convicta de sombra y nada;
un olvidado perfume
muerde mis manos extrañas,
pero no puedo cerrar
las puertas y las ventanas,
y he de salir al camino
a ver la muerte que pasa.

Sara de Ibáñez

¡AVANTI!

Si te postran diez veces, te levantas.
Otras diez, otras cien, otras quinientas...
no han de ser tus caídas tan violentas
ni tampoco por ley han de ser tantas.

Con el hambre genial con que las plantas
asimilan el humus avarientas,
deglutiendo el rencor de las afrentas
se formaron los santos y las santas.

Obsesión casi asnal, para ser fuerte,
nada más necesita la criatura,
y en cualquier infeliz se me figura
que se rompen las garras de la suerte...

¡Todos los incurables tienen cura
cinco segundos antes de la muerte!

Pedro B. Palacios
Almafuerte

SONETO

No te des por vencido, ni aun vencido;
no te sientas esclavo, ni aun esclavo;
trémulo de pavor, piénsate bravo,
y arremete feroz, ya mal herido.

Ten el tesón del clavo enmohecido,
que ya viejo y ruin vuelve a ser clavo;
no la cobarde intrepidez del pavo
que amaina su plumaje al primer ruido.

Procede como Dios, que nunca llora;
o como Lucifer, que nunca reza,
o como el robledal, cuya grandeza
necesita del agua y no la implora…

¡Que muerda y vocifere vengadora
ya rodando en el polvo tu cabeza!

Pedro B. Palacios
Almafuerte

ÍNDICE

198

I   II   III   IV   V   VI   VII   VIII   IX   X   ■   XII   96   97   98   99   2001 ■

La impresión de la obra se realizó en los talleres de: Servicios Litográficos Ultrasol, S.A. de C.V. Fiscales 43 Col. Sifón C.P. 09400 México, D.F. 633-5653

■   1   1.5   2   3   4   5   6   7   8   9   10   11   12   15   20   25   30   50